Dello stesso autore:

Parole volando

Italiano per stranieri livello base

Italiano per stranieri A 1

Italiano per stranieri A 2

Italiano per stranieri B1

Funny Italian dialogues

Italiano per russi

Grammatica italiana per stranieri A 1

Grammatica italiana per stranieri A 2

Lucio Giuliodori

LA PRONUNCIA ITALIANA PER STRANIERI

Regole ed esercizi con storie e dialoghi da leggere e ascoltare per ampliare il lessico dell'italiano parlato livello A 1

INDICE

Introduzione

Questo testo, scritto in italiano e inglese, è un corso di pronuncia italiana per stranieri attraverso storie divertenti scritte in un italiano comprensibile a studenti di livello A 1.

Attraverso gli esercizi, la lettura e l'ascolto delle storie, sarete accompagnati nello studio e nella completa assimilazione delle regole della pronuncia italiana.

L'intento del libro è inoltre duplice: da un lato intende offrirvi gli strumenti per padroneggiare la pronuncia, dall'altro intende farvi conoscere espressioni idiomatiche e colloquiali dell'italiano parlato attraverso storie spiritose che immortalano risvolti divertenti della cultura e della nostra società.

Infine, oltre ai dialoghi vi verranno proposti degli approfondimenti culturali che svelano interessanti curiosità del mondo italiano che potreste non conoscere.

Il libro è diviso in due capitoli, nel primo vengono esposte le regole da studiare con i relativi esercizi per memorizzarle, nel secondo invece vengono esposte le storie, seguite anch'esse da vari esercizi sul lessico, sulla comprensione del testo e sugli aspetti culturali.

Alla fine del libro trovate un link e un QR Code attraverso i quali avrete accesso ai file audio delle singole storie.

In conclusione, un consiglio su come usare questo libro: dopo aver assimilato le regole della pronuncia e dopo (e solo dopo) aver fatto tutti gli esercizi, passate al secondo capitolo.

Leggete le storie ad alta voce, leggetene un pezzo per volta, dopo di che ascoltate il relativo file audio per confrontare la vostra pronuncia con quella madrelingua, in caso di errori da parte vostra, correggete i vostri sbagli, rileggete correttamente il pezzo specifico e poi continuate con la storia.

Dopo ogni storia trovate un esercizio che vi invita a riassumere la storia oralmente attraverso una scaletta con i punti principali da seguire. Fate questo riassunto, fatelo sempre dopo ogni storia e dopo che avrete corretto i vostri possibili errori. Riassumere la storia, riusare i vocaboli nuovi che avrete appena imparato (e che avrete semmai anche imparato a pronunciare bene), vi aiuterà a fissarli nella vostra memoria permettendovi di ampliare il vostro vocabolario.

Le storie infatti sono divise per temi quali sport, lavoro, studio ecc. In ogni storia troverete un contesto diverso e tanti nuovi vocaboli ed espressioni idiomatiche da imparare, tanti modi di dire e costrutti dell'italiano parlato che vi torneranno sicuramente utili nell'assimilazione della lingua. Quest'ultima, è qui presentata attraverso uno spettro il più ampio possibile sul piano della conversazione e dell'italiano colloquiale.

Bene dunque, non mi resta che augurarvi buono studio e buon divertimento!

Introduction

This text, written in Italian and English, is a course in Italian pronunciation for foreigners through entertaining stories written in an Italian comprehensible to students of A 1 level.

Through the exercises, reading and listening to the stories, you will be accompanied in the study and complete assimilation of the rules of Italian pronunciation.

The intention of the book is also twofold: on the one hand it intends to offer you the tools to master pronunciation, on the other hand it intends to introduce you to idiomatic and colloquial expressions of spoken Italian through humorous stories that immortalise amusing aspects of our culture and society.

Finally, in addition to the dialogues, you will be offered cultural insights that reveal interesting curiosities of the Italian world that you might not know.

The book is divided into two chapters, in the first the rules to be studied are set out with exercises meant to memorise them, in the second you will find the stories themselves, followed by various exercises on vocabulary, text comprehension and cultural aspects.

At the end of the book you will find a link and a QR code through which you can access the audio files of the individual stories.

In conclusion, a tip on how to use this book: after you have mastered the rules of pronunciation and after (and only after) doing all the exercises, move on to the second chapter.

Read the stories aloud, read one piece at a time, after that you listen to the relevant audio file to compare your pronunciation with that of the native speaker, correct your mistakes, re-read the specific piece correctly and then continue with the story.

After each story you will find an exercise that invites you to summarise the story orally by means of an outline with the main key points to follow. Do this summary, always do it after each story and after you have corrected your possible mistakes. Summarising the story, reusing the new vocabulary that you have just learnt (and which you have, if anything, also learnt to pronounce well), will help you to fix them in your memory allowing you to expand your vocabulary.

The stories are divided by themes such as sport, work, study, etc.. In each story you will find a different context and many new words and idiomatic expressions to learn, many idiomatic idioms and constructs of spoken Italian that will surely come in handy in the assimilation of the language. The latter is presented here across the widest possible spectrum of conversational and colloquial Italian.

Well then, I would like to wish you the best in your studies and to have fun!

1.

IMPARA LE REGOLE E FAI GLI ESERCIZI

Learn the rules and do the exercises

L'ALFABETO
The alphabet

Ascolta l'audio per la pronuncia esatta.
Listen to the audio file for the right pronunciation

A, a – A, *aah*

B, b – Bi, *be*

C, c – Ci, *chi*

D, d – Di, *dee*

E, e – E, *eh*

F, f – Effe, *effe*

G, g – Gi, *gee*

H, h – Acca, *akka*

I, i – I, *ee*

J, j – I lunga, *ee loonga*

K, k – Cappa, *kappa*

L, l – Elle, e*ll*e

M, m – Emme, *emme*

N, n – Enne, *enne*

O, o - O, *oh*

P, p – Pi, *pee*

Q, q – Qu, *koo*

R, r – Erre, *erre*

S, e – Esse, *esse*

T, t – Ti, *tee*

U, u – U, *oo*

V, v – Vu, *voo*

W, w – Doppia vu. *doppia voo*

X, x – Ics, *eeks*

Y, y – Ipsilon, *eepsilon*

Z, z – Zeta, *zeta*

LE LETTERE
The letters

1) LETTERA "C"

C + E, I = *Soft sound: ch (like in champion)*
Cercare – *to look for*
Circo – *circus*

C + A, O, U, H = *Strong sound: k (like in case)*
Casa – *house*
Comodo – *comfortable*
Cuore – *heart*
Perché – *because, why*

2) LETTERA "G"

G + E, I = *Soft sound: je (like in jet), jee (like in jeans)*
Gita – *excursion*
Gelato – *ice cream*
Gentile – *kind*

G + A, O, U, H = *Strong sound: g (like in girl)*
Gamba – *leg*
Gola – *throat*
Guanti – *gloves*
Spaghetti -

<u>Nota bene</u>: Quando abbiamo una doppia, non cambia niente, si segue sempre la stessa regola. Ad esempio nella parola "scacchi", la regola è c + h = k e quindi il suono duro: "skakki".

When we have a double letter, nothing changes, we always follow the same rule.

For example in the word "scacchi" (chess), the rule is c + h = k and therefore the strong sound: "skakki"

3) LETTERA "S"

La lettera *s* può essere sonora: "z"; oppure sorda: "s".

E' sonora quando è tra due vocali, ad esempio: casa, cosa, così; e quando è seguita dalle consonanti b, d, g, l, m, n, v, ad esempio: sbagliare, sdegno, sguardo, slacciare, slegare, svitare.

E' sorda negli altri casi: sandali, sempre, pensare, sistemare.

The letter s can be sonorous: "z"; or deaf: "c".

It is sonorous when it is between two vowels, for example: casa, cosa, così; and when it is followed by the consonants b, d, g, l, m, n, v, for example: sbagliare, sdegno, sguardo, slacciare, slegare, svitare.

It is deaf in other cases: sandali, sempre, pensare, sistemare.

4) LETTERA "Z"

La lettera "z" può essere sonora: "dz" ; oppure sorda: "ts".
E' sonora quando è tra due vocali, ad esempio: "azoto, ozono" o quando è all'inizio di una parola: "zanzara, zenzero". Altrimenti è sorda: zuppa, speranza, silenzio.
Inoltre è sorda anche quando è seguita dalla vocale "i" seguita da un'altra vocale: zio, silenzio, polizia, agenzia.
The letter z can be sonorous: "z"; or deaf: "ts".
It is sonorous when it is between two vowels: "azoto, ozono" or when it is at the beginning of a word: "zanzara, zenzero". In the other cases it is deaf: zuppa, speranza, silenzio.
It is also deaf when it is followed by the vowel i followed by another vowel: zio, silenzio, polizia, agenzia.
Stazione – *Station*
Colazione – *Brekfast*
Polizia – *Police*
Amicizia – *Friendship*

5) G + L + I = *lyee*

In italiano quando abbiamo queste tre lettere insieme, una dietro l'altra, formano un suono molto simile alla prima sillaba della parola inglese "yeah".

In Italian when we have these three letters together, one after the other, they form a sound very similar to the first syllable of the word "yeah".
Figli – *children*
Famiglia - *family*
Voglio – *I want*

6) G + N = *Nj*

Cognome – *surname*
Gnomo - *dwarf*

7) S + C + I = *she (as in Sheep)*
    S + C + E = *she (as in Shed)*

Sciare – *to ski*
Sciroppo – *sciropp*
Scimmia – *monkey*
Conoscere – *to know*
Scendere – *to go down*
Nascere – *to be born*
Scegliere – *to choose*

8) LETTERA "H"

La lettera "h" in italiano è sempre muta, non si pronuncia mai, si scrive soltanto.
Letter "h" in Italian is always mute, we never pronounce it, we only write it.

GLI ACCENTI
The accents

In Italiano, abbiamo due accenti, uno grave: *è*
[ɛ] e l'altro acuto: *è* [e] .

Il primo è un suono aperto, come nella parola
"caffè", il secondo è un suono chiuso, come
nella parola "perché".

In Italian, we have two accents, one called
"grave": è [ɛ] and the other "acuto": é [e].

The first is an open sound, as in the word
"hell", the second is a closed sound, as in the
first e of the word "experiment".

Ogni volta che vedete il segno dell'accento alla
fine di una parola, ovviamente dovete
pronunciarlo. Per esempio nella parola "perché"
dovete stressare l'ultima "é" e quindi leggerete
"perch**é**" e non "p**e**rché".

Molti stranieri sono soliti ignorare gli accenti a
fine parola e tendono a mettere un accento in
un'altra sillaba della parola, come a loro suona
meglio, questo è un errore da correggere; per lo
meno quando l'accento è presente graficamente
in una parola, allora bisogna pronunciarlo. La
parola "caffé" ad esempio, va stressata alla fine,
dove cade l'accento appunto e quindi: "caff**é**" e
non "c**a**ffe" come molti anglofoni tendono a
pronunciare.

Every time you see the accent at the end of a
word, obviously you have to pronounce it. For
example, in the word "perché" you have to

stress the last é and then read "perché" not "perché".

Many foreigners are accustomed to ignore the accents at the end of the word and tend to put an accent on another syllable of the word, as it sounds better to them, this is a mistake to correct; at least when the accent is graphically present in a word, then we must pronounce it. The word "caffé" for example, should be stressed at the end, where the accent falls precisely and therefore: "caffé" and not "caffe" as many English speakers tend to pronounce.

Per quanto riguarda invece lo stress di una sillaba all'interno di una parola, qui purtroppo bisogna solo memorizzare e dunque ad esempio: ma**tti**na e non ~~mattina~~, a**mi**ci e non ~~amici~~, **ma**cchina e non ~~macchina~~ ecc.

About the stress of a syllable within a word, unfortunately you only have to memorise, so for example: morning, friends, car etc.

Vediamo ora le lettere "e" e "o" all'interno di una parola. All'interno di una parola la lettera "e" può avere un suono aperto o chiuso, i casi in cui troviamo l'una o l'altra variante sono davvero moltissimi e provare a studiarli tutti a memoria sarebbe un lavoro veramente troppo duro e in finale non varrebbe nemmeno la pena, potrebbe solo confonderti.

Ciò che per te è invece opportuno fare in questo momento è ascoltare il più possibile l'italiano parlato, anche perché non hai bisogno di imparare tutti questi casi e tutte queste

18

eccezioni, molte parole infatti potrebbero assolutamente non servirti.

In questo libro attraverso i file audio, avrai la possibilità di ascoltare invece molte parole di uso comune che invece per te possono essere molto utili. Con l'ascolto e con il tempo dunque memorizzerai quelle con la e aperta (come ad esempio *finestra* o *gente*) e quelle con la e chiusa (come ad esempio *bellezza* o *mente*).

Stesso discorso per la lettera "o", all'interno di una parola può avere un suono aperto (come ad esempio *luogo*) oppure chiuso (come ad esempio *lontano*), anche in questo caso, vale lo stesso consiglio: ascolta l'italiano parlato il più possibile, piuttosto che provare a memorizzare le innumerevoli varianti.

Let us now look at the letters "e" and "o" within a word. Within a word, the letter "e" can have either an open or a closed sound, the cases in which we find one or the other variant are really numerous and trying to study them all by heart would be too hard a job and ultimately not even worth it, it might just confuse you.

What you should do instead is to listen to as much spoken Italian as possible, also because you don't need to learn all these cases and all these exceptions, you may not need at all many of those words.

In this book, through the audio files, you will instead be able to listen to many commonly used words that may be very useful to you. By listening, you will memorise words with an open "e" (such as widow or people) and words with a closed "e" (such as beauty or mind).

The same goes for the letter 'o', within a word it can have either an open sound (such as place) or a closed sound (such as far). Here again, the same advice applies: listen to spoken Italian as much as possible, rather than trying to memorise the countless variants.

GLI ESERCIZI
The exercises

Esercizio 1. Pronuncia queste parole, la sillaba dove cade l'accento, è sottolineata. Cerca poi il loro significato sul vocabolario e scrivilo lì accanto ad esse.
Pronounce these words, the syllable where the accent should fall is underlined. Then look up their meaning in the dictionary and write it next to them.

Nascere	spegnere
guardare	giugno
gennaio	certo
giostra	scherzare
gallo	perché
spiegare	invece
venerdì	caffè
insegnare	martedì
mangiare	macchina
guadagnare	guidare
chiedere	insegnare
scendere	ufficio
viaggiare	mercoledì
maggio	migliorare
famiglia	regalare
luglio	sbagliare
università	bottiglia
gelato	bicchiere
giocare	città
gente	luce

meraviglioso
accendere
cuscino
cerchio
uccidere
faccia
insegnante

esagerare
consiglio
aereo
carcere
peggio
fagiolo
meglio

Esercizio 2. Conosci la parola più lunga del dizionario italiano? Eccola qui: *precipitevolissimevolmente!*
Cerca il suo significato nel dizionario e prova a pronunciarla diverse volte di seguito, sempre più veloce.
Do you know the longest word in the Italian dictionary? Here it is, try to read it: precipitevolissimevolmente!
Look up its meaning in the dictionary and try to pronounce it several times in a row, faster and faster.

Esercizio 3. Facciamo un po' di matematica!
Let's do some math!

1. C + h = ...
2. G + o = ...
3. C + e = ...
4. G + i = ...
5. Z + i + o = ...
6. G + n = ...
7. S + c + i = ...
8. C + i = ...
9. G + h = ...
10. C + a = ...
11. G + l + i = ...
12. C + o = ...
13. G + e = ...
14. S + c + e = ...

15. Z + i + a =....

Esercizio 4. Rispondi. *Answer please.*

1. Conosci una parola con C + h?
2. Conosci una parola con G + o?
3. Conosci una parola con C + e?
4. Conosci una parola con G + i?
5. Conosci una parola con G + i?
6. Conosci una parola con Z + i + o?
7. Conosci una parola con G + n?
8. Conosci una parola con S + c + i?
9. Conosci una parola con G + h?
10. Conosci una parola con C + a?
11. Conosci una parola con G + l + i?
12. Conosci una parola con C + o?
13. Conosci una parola con G + e?
14. Conosci una parola con S + c + e?
15. Conosci una parola con Z + i + a?

Esercizio 5. Prova a pronunciare le seguenti parole. *Try to pronounce the following words.*

Cucchiaio, forchetta, cucciolo, Romagna, polacchi, racchetta, specchio, pacchetto, facchino, porchetta, scacchi, ciliegie, chiaro, giugno, ingiuria, anguria, quadro, quattro, cinque, giglio, giostra, cecchino, guglia, gendarme, cercare.

Esercizio 6: Forma il plurale di questi nomi maschili e leggi ad alta voce. *Form the plural of these male nouns and read aloud.*

Cuoco…………, balcone………., sport ……..,
zaino……., sogno…….., gioco …….,
quaderno……….., viaggio …….., bicchiere,
foglio…….., biglietto………,
cucchiaio………., termosifone………,
spazzolino………….., specchio………….,
quadro…….., gioco………….,
scontrino………….., tatuaggio…….,
orario……..

Esercizio 7: Fai lo stesso con questi nomi femminili. *Do the same with these female nouns.*

mensa………., spiaggia………,
forchetta…….., porzione……., madre…..,
palestra ……….., tessera………….,
finestra………., lampada ………., passeggiata
…………, maglietta………, professoressa
………., aula………, macchina…….., chiave
……., chitarra ………., vacanza …….,
chiesa………….., bottiglia………….,
bicicletta……….., ferrovia……….,
colazione…………, passeggiata……….,
canzone………….., scheda………,
matita…….., presa elettrica……….,
gonna………., riunione……., lezione……….,
piscina……..

Esercizio 8. Prova a pronunciare le seguenti cifre. *Try to pronounce the following numbers.*

119, 121, 139, 144, 196, 234, 289, 334, 333, 779, 639, 799, 884, 767, 999, 957, 665, 1.000, 1.200, 1.400, 1.374, 1.899, 1.333, 1.449, 2.456, 3.456, 5.569, 6.786, 9.956, 10.562, 999.767, 837.957, 1.000.000, 1.900.456, 1.766.456, 1.960.324,

Esercizio 9. Leggi i numeri ordinali. *Read the ordinal numbers.* NB: Con i numeri ordinali la "e" è chiusa. *With the ordinal numbers the "e" here is a closed sound like in "hello".*

11 Undicesimo
12 Dodicesimo
13 tredicesimo
14 Quattordicesimo
15 Quindicesimo
16 Sedicesimo
17 Diciassettesimo
18 Diciottesimo
19 Diciannovesimo
20 Ventesimo
30 Trentesimo
45 Quarantacinquesimo
82 Ottantaduesimo
100 Centesimo
190 Centonovantesimo
1000 Millesimo

LESSICO
Lexicon

In cucina. *In the kitchen.*

Pronuncia queste parole e se non ne conosci il significato, cercalo nel vocabolario e scrivilo lì accanto nella tua lingua.
Pronounce these words and if you do not know the meaning, look it up in the dictionary and write it down in your own language.

Il piatto.........., il bicchiere.........., il tovagliolo............, la forchetta.............., il cucchiaio........, il cucchiaino.............., la tovaglia............, la tavola...........[1]
la bottiglia............, il cavatappi..............,
la pentola.............., la padella.............., il detersivo............, il frigorifero...........,
il bollitore.............., il forno............,
il forno a micro onde.............., il lavandino............, i fornelli............

---

[1] In italiano la parola "tavolo" al maschile indica un tavolo in generale, la parola tavola al femminile indica invece la tavola dove mangiamo.

Il corpo. *The body.*

Pronuncia queste parole e se non ne conosci il significato, cercalo nel vocabolario e scrivilo lì accanto nella tua lingua.
Pronounce these words and if you do not know the meaning, look it up in the dictionary and write it down in your own language.

La testa........, i capelli.........., le orecchie.........., gli occhi......., il naso.........., la bocca..........., il mento.........., le guance........., la fronte.........., il collo........., le mani.........., le dita........, il petto........., lo stomaco..........., la pancia.........., la vita........., le cosce.........., le caviglie........, le gambe............., i piedi.........

I vestiti. *The clothes.*

Pronuncia queste parole e se non ne conosci il significato, cercalo nel vocabolario e scrivilo lì accanto nella tua lingua.
Pronounce these words and if you do not know the meaning, look it up in the dictionary and write it down in your own language.

La maglietta.........., il maglione............, il cappello............., la sciarpa.............., la gonna............., la minigonna............, la camicia............., la giacca............,

il cappotto........, il pigiama............,
la cravatta..........., il vestito............,
il vestito da sera........., il vestito da
uomo.............., il vestito da
donna.............., la cinta..............,
la borsa.............., la canottiera..........., la
collana............., l'anello.............,
gli orecchini..........., il profumo........, il
portafoglio........., il braccialetto............
I calzini............, i pantaloni.............,
i guanti............., gli occhiali.............., le
calze........, le scarpe...., le ciabatte......,
le scarpe da ginnastica..........., le scarpe col
tacco............, gli stivali..............,
i pantaloni corti......., le mutande..........,

Le professioni. *Professions.*

Pronuncia queste parole e se non ne conosci il
significato, cercalo nel vocabolario e scrivilo lì
accanto nella tua lingua.
Pronounce these words and if you do not know
the meaning, look it up in the dictionary and
write it down in your own language.

L'ingegnere......., il professore..............,
l'impiegato..........., il barbiere.............,
l'avvocato............, il medico..............,
il postino........., il macellaio...............,
il pescivendolo........., il calzolaio.........,
il sarto............, l'orologiaio..............,

l'atleta…………..., il calciatore……………..,
il giornalista……………, lo scrittore………..,
l'agente immobiliare………………………,
il ristoratore…………., il musicista………..,
il cantante……….., l'attore………………,
l'artista……………, il pittore……………,
lo stilista…………………….., il regista………..
il commesso…………….., il cameriere………
lo spazzino………….., il bancario………….

La famiglia. *The family.*

Pronuncia queste parole e se non ne conosci il significato, cercalo nel vocabolario e scrivilo lì accanto nella tua lingua.
Pronounce these words and if you do not know the meaning, look it up in the dictionary and write it down in your own language.

Padre…………Madre…..…… Genitori……
Figlio………….Figlia…………Figli
Fratello……..Sorella…………
Nonno………..Nonna……..Nonni…………Cog nato………Cognata…….
Zio…………….Zia…..………..Zii…………..
Nipote……….. Nipoti……
Cugino……….Cugina……………Cugini…..
Parenti……

2.

LEGGI E ASCOLTA LE STORIE

Read and listen to the stories

Premessa

Ed eccoci alla parte audio di questo libro.

Questa è una parte molto importante perché potrai mettere in pratica tutto ciò che hai imparato e fissato con gli esercizi nel capitolo precedente.

Come già suggerito, ciò che dovrai fare è semplicissimo, dovrai leggere ad alta voce questi dialoghi e poi ascoltare l'audio originale per confrontare la tua pronuncia con quella corretta.

Controlla se tutto va bene dunque! Dove trovi degli errori, correggi e pronuncia di nuovo.

Un consiglio importante: mentre leggi le storie non preoccuparti di capire il significato, concentrati all'inizio solo sulla pronuncia e sulle regole di pronuncia.

Solo in seguito, se lo vorrai, potrai rileggere ancora queste storie e con l'aiuto del vocabolario potrai tradurle. All'inizio però concentrati solo nel pronunciare correttamente. Buon lavoro e buon divertimento!

Foreword

And here we come to the audio part of this book.

This is a very important part because you will be able to put into practice everything you have learnt and memorized with the exercises in the previous chapter.

As already mentioned, what you will have to do is very simple, you will have to read these dialogues aloud and then listen to the original audio to compare your pronunciation with the correct one.

Check if everything is OK then! Where you find mistakes, correct and pronounce again.

An important tip: while reading the stories, don't worry about understanding the meaning, just concentrate on the pronunciation and the rules of pronunciation, first.

Only later, if you wish, you can read the stories again and, with the help of the vocabulary, translate them. In the beginning, however, only concentrate on pronouncing correctly.

Good luck with your work and have fun!

LAVORO
WORK

Anima animale
Animal soul

Apollinara Volanti è una nonnetta molto attiva, tutti la conoscono nel quartiere e quando passa tutti la salutano con grande rispetto: "Buongiorno signorina Volanti! Buongiorno! Buona giornata! Buongiorno!"

Apollinara è signorina perché non è sposata, dice che gli uomini sono tutti uguali e l'amore non esiste, sono solo fantasie per bambini. Lei invece è una persona molto concreta, crede nel lavoro e nella serietà.

Ha ottantacinque anni ma lavora ancora, fa la veterinaria e la sua casa è piena di animali, anche i più strani, i più esotici.

Dentro casa infatti, Apollinara Volanti tiene un coccodrillino del Gange, lei ama l'India infatti e quando viaggia riporta sempre qualcosa, a volte anche qualcosa di **ingombrante**.

In cucina gira libero uno scimpanzé di nome Accursio. Accursio corre sempre, ha sempre fretta, gira sempre per tutte le stanze ma poi chissà perché torna sempre in cucina, di solito si siede sul tavolo, mangia una banana e guarda la tv, ama specialmente i documentari, quelli sugli animali ovviamente. Non **va** molto **d'accordo** con Corrado, il coccodrillo indiano, Apollinara dice che vengono da due paesi troppo diversi culturalmente e **fanno fatica** a capirsi. In ogni modo, Corrado, caratterialmente è il contrario

35

di Accursio: è estremamente pigro e rilassato e passa le giornate intere dentro la vasca da bagno. Apollinara poi lo vizia e gli compra sempre i **bagnoschiuma** migliori.

In camera da letto abbiamo invece una leonessa africana di nome Maria Teresa, per gli amici Tessy. Tessy è molto riservata e di solito non esce mai dalla, ormai, sua camera da letto.

Per tutta la casa invece volano innumerevoli tipi di uccelli, dai canarini, ai gabbiani ai gufi alle aquile reali, gli uccelli infatti sono la vera passione di Apollinara che crede di essere la reincarnazione di una fenice.

Marcellina, la sua donna delle pulizie, è sempre molto spaventata ogni volta che va da lei, anzi, a dire il vero è terrorizzata proprio, Accursio lo sa bene e ogni volta fa di tutto per spaventarla ancora di più, lo fa apposta proprio. Si nasconde dentro l'armadio e poi **all'improvviso** salta fuori urlando! Una volta Marcellina è perfino svenuta dalla paura.

Tessy è l'unica che le vuole bene e la difende sempre, infatti Marcellina pulisce sempre la camera da letto più delle altre stanze.

Marcellina è l'unica amica di Apollinara, per questo è anche molto fortunata... Apollinara infatti vuole lasciare proprio a lei tutta la sua **eredità**, ossia tutti ma proprio tutti i suoi animali.

Chissà se anche Marcellina si sente così fortunata però...

Vocabolario *Vocabulary*

Ecco alcuni sostantivi, verbi ed espressioni che potresti non conoscere. Per memorizzarli, prova a formare alcune frasi con essi.
Here are some nouns, verbs and expressions you might not know, try to form some sentences with them in order to memorize them.

Bagnoschiuma = *Shower gel*
Riservato = *Reserved, shy*
Fenice = *Phoenix*
Ingombrante = *Bulky*
Donna delle pulizie = *Cleaning lady*
Eredità = *Inheritance*

Svenuta (svenire) = *Fainted (to faint)*

Andare d'accordo = *To get on*
Fare fatica = *To struggle*
All'improvviso = *Suddnely*

Riassumi il testo oralmente
Summarise the text orally

Di seguito alcuni punti chiave che puoi seguire.
Here are some key points you can follow.

-Apollinara è una nonnetta e fa la veterinaria.

-A casa sua vivono con lei Accursio, Corrado, Tessy e vari uccelli.
-La fortunata Marcellina viene a fare le pulizie
-Marcellina ha un diverso rapporto con Tessy e Accursio.

L'influencer
The influencer

-Marioletta, bambina mia, cosa vuoi fare da grande?
-Voglio fare l'influencer, papà!
-E perché proprio l'influencer, piccola mia?
-Come perché? Semplice! Perché le influencer sono belle, sono ricche e non fanno niente tutto il giorno! Fanno solo le foto!
-**A me non sembra** un lavoro così facile, ogni lavoro **richiede impegno**, ogni lavoro è difficile!
-Invece è facilissimo! Loro sono tutte belle, ricche e non fanno niente tutto il giorno, fanno solo le foto. Io praticamente sono già a questo livello perché anch'io sono bella, anch'io non faccio niente tutto il giorno e anch'io amo fare le foto! Devo solo diventare ricca, poi è fatta! E' facile papà!
Manca solo una cosa, poi **ci siamo**!
-Ma non è la cosa più facile amore... Come fai a diventare ricca?
-Semplice, vendiamo la casa! Poi vendiamo anche la casa della nonna Adelina! Se non basta vendiamo anche la casa della zia Silvana! **A quel punto** con i soldi di tre case sono sicuramente ricca! E' semplice papà!
-E poi noi dove andiamo a vivere? La zia Silvana e la nonna Adelina dove vanno a vivere?

-Noi possiamo <u>vi</u>vere nella roulotte, così la usiamo, sennò non la usiamo mai, anche tu dici sempre che non la usiamo mai, **questa è la volta buona**, dunque!

-E la zia Silvana e la nonna Adelina dove vanno a vivere, sotto un **ponte**?!...

-Possono anche loro comprare una roulotte, alla zia Silvana piace il mare, alla nonna Adelina piace la mon<u>ta</u>gna, con la roulotte vai sia al mare sia in montagna, perfetto! E' semplice papà!

Vai a comprare la roulotte ora, senza <u>pe</u>rdere tempo, vai <u>su</u>bito oggi! Io intanto creo la pagina Instagram, la pagina Tik Tok, la pagina Facebook, tutte le pagine possibili.

Il tempo è denaro papà, ma non lo sai? Su, **forza**!

Vocabolario *Vocabulary*

Ecco alcuni sostantivi, verbi ed espressioni che potresti non conoscere. Per memorizzarli, prova a formare alcune frasi con essi.
Here are some nouns, verbs and expressions you might not know, try to form some sentences with them in order to memorize them.

Impegno = *Commitment*
Ponte = *Bridge*
Senza = *Without*
Intanto = *In the meantime*

Richiedere = *To require*

A me non sembra = *It doesn't seem to me*
Devo solo diventare ricca = *I only need to get rich*
Questa è la volta buona = *This is the right time*
Se non basta = *If it's not enough*
A quel punto = *Then*
Sia.. sia = *Both and*
Il tempo è denaro = *Time is money*
Su, forza! = *Come on!*

Riassumi il testo
Summarise the text orally

Di seguito alcuni punti chiave che puoi seguire.
Here are some key points you can follow.

-Marioletta dice al padre che da grande vuole
fare l'influencer
-Al padre non sembra semplice ma a lei sì.
-Lei dice che deve solo diventare ricca poi ci
siamo.
-Propone di vendere la casa sua, della zia e
della nonna per diventare ricca.
-Dunque propone di vivere nella roulotte.

Che noia in ufficio!
How boring at the office!

Il Signor Ferdinando Barbetta è in ufficio e parla con la sua collega, la signora Andreina Alberelli.

-E anche oggi la stessa storia, che noia, **che barba**! Dalle nove alle sei, come ogni giorno a fare le fotocopie, scrivere le email, rispondere al telefono ecc. **Non ne posso** più Andreina…

-**A chi lo dici**, Barbetta… A chi lo dici! E poi sono solo le dieci, mamma mia, meglio pensare ad altro!

-E no Andreina, bisogna invece pensare proprio a questo, **ci vuole un'idea**! Non possiamo vivere per lavorare, così sembriamo schiavi!

-Hai ragione Barbetta, hai perfettamente ragione ma allora? Hai un'idea? Io no! E finché non abbiamo un'idea rimaniamo qui a fare gli schiavi…

-Gli psicologi dicono che bisogna fare qualcosa di strano per rompere la monotonia, per distruggere le abitudini, atti strani, azioni strane…

-Tipo?

-Non so, tipo adesso entro nell'ufficio del Direttore e comincio a **fare le capriole**!

-Ma sei pazzo?! Così ti licenzia subito!

-No Andeina, no! Invece apprezza il mio coraggio e la mia creatività e non mi licenzia affatto! Anzi, secondo me mi da' pure l'aumento!

-Tu dici?!

-Ma certo Andreina, non lo dico io, lo dicono gli psicologi! E' scienza! E' **scientificamente provato**!

-Beh, allora se è cosi **vale la pena** provare...

-Certo che vale la pena! Io provo! Secondo me funziona, la psicologia è la scienza della mente e la mente, Andreina, è la cosa più potente del mondo!

Barbetta dunque bussa alla porta del Direttore, entra e comincia a fare le capriole per tutto l'ufficio. Il Direttore, scioccato, urla:

-Barbetta! Ma è impazzito? Ma cosa fa?! Lei è scemo!

-Ma come Direttore, non apprezza il mio coraggio? Non apprezza la mia creatività? E' una tecnica psicologica, serve per rompere le abitudini, serve per creare uno shock, serve per inserire un elemento di novità creativa nella vita monotonia della di tutti i giorni.

-Vuole rompere la monotonia Barbetta? Vuole una novità creativa? Bene, da questo momento Lei è licenziato, niente più monotonia, niente più ufficio, niente più lavoro! Da questo momento ha le giornate libere, può fare quello che vuole, può fare le capriole e può fare il creativo tutto il giorno, **buon divertimento**!

Vocabolario *Vocabulary*

Ecco alcuni sostantivi, verbi ed espressioni che potresti non conoscere. Per memorizzarli, prova a formare alcune frasi con essi.
Here are some nouns, verbs and expressions you might not know, try to form some sentences with them in order to memorize them.

Tipo? = *For example?*
Coraggio = *Braveness*
Atto = *Act*
Finché = *Until*
Schiavo = *Slave*
Pure = *Also*
Scioccato = *Shocked*

Licenziare = *To fire*
Distruggere = *To destroy*
Apprezzare = *To appreciate*
Rompere = *To break*
Bussare = *To knock*
Dare l'aumento = *To give the raise*

Scientificamente provato = *Scientifically proven*
Buon divertimento! = *Have fun!*
Fare le capriole = *Do somersaults*
Che barba! = *How boring!*
A chi lo dici! = *Tell me all about it*
Non ne posso più = *I'm fed up*
Ci vuole un'idea = *We need an idea*
Vale la pena = *It worth it*

Riassumi il testo
Summarise the text orally

Di seguito alcuni punti chiave che puoi seguire.
Here are some key points you can follow.

-Ferdinando Barbetta dice che il suo lavoro è
noioso
-Allora propone di fare cose strane, tipo le
capriole nell'ufficio del Direttore
-Dice che è scientificamente provato
-Entra nell'ufficio del Direttore e fa le capriole.
-Il Direttore lo licenzia.

La forza del caso
The power of destiny

- Giorgio, vieni con me al mare domani?
-No Leonardo grazie, devo lavorare.
-Ma lavori sempre Giorgino! Si vive una volta sola, non puoi perderla dentro un ufficio a lavorare per qualcuno!
-Proprio perché la vita è una, meglio essere attenti, meglio lavorare, così se succede qualcosa di brutto almeno hai i soldi.
-E cioè? Cosa deve succedere?
-Ma per esempio se sto male e devo pagare per le cure almeno ho i soldi! Se non hai i soldi, crepi!
-Ma Giorgino hai solo diciotto anni, cosa deve succedere di così brutto?
-Ma scherzi?! Le malattie sono sempre **dietro l'angolo**, i virus, le infezioni e poi il caso! Non sottovalutare la forza del caso!
-Cioè?
-Cioè tu per esempio cammini, sotto al tuo palazzo e dal balcone della signora del quinto piano cade un vaso, ti cade proprio in testa! E' possibile! E' possibilissimo! Le vedi quante piante ha quella signora? Per sbaglio quella rimbambita fa cadere un vaso mentre pulisce il balcone, e cade proprio sopra la tua testa e tu muori!
-Ma dai, ma quanto sei pessimista!

-Ma quale pessimismo, la vita è imprevedibile mio caro, devi lavorare sodo, i problemi sono sempre dietro l'angolo, se hai il denaro, risolvi i problemi, sennò muori.

-Ma se ti cade il vaso in testa, muori anche se hai il denaro, **sveglia**! **A che serve** tutto questo denaro?! Non serve a niente!

-E no, sbagli amico caro... Con il denaro per esempio puoi ibernarti.

-Puoi cosa?!

-Non conosci l'ibernazione? Ti congelano, ti mettono in frigo insomma, poi tra qualche decennio ti risvegliano, magari tra un secolo! Pensa **che figata** vai a vivere nel mondo del futuro! Ma **ti rendi conto** che figata che è? E questo lo fai solo con i soldi, amico caro, solo con i soldi!

-Certo, ma devi calcolare la forza del caso, amico caro... Se mentre sei in frigo insieme a qualche merluzzo e gamberetto scoppia una guerra mondiale, se qualche pazzo di questi dittatori dei nostri giorni lancia una bombetta atomica, sparisci tu, i tuoi soldini e il tuo bel frigorifero, poi **altro che** nel mondo del futuro! Ti risvegli all'inferno!

Non sottovalutare la forza del caso, amico caro...

Vocabolario *Vocabulary*

Ecco alcuni sostantivi, verbi ed espressioni che
potresti non conoscere. Per memorizzarli, prova
a formare alcune frasi con essi.
Here are some nouns, verbs and expressions
you might not know, try to form some sentences
with them in order to memorize them.

Qualcuno = *Somebody*
Qualcosa = *Something*
Cura = *Healing*
Malattia = *Sickness*
Vaso = *Vase*
Caso = *Case, destiny*
Decennio = *Decade*
Secolo = *Century*
Possibilissimo = *Very possible*
Rimbambito = Senile, doting
Sennò = *Otherwise*
Pianta = *Plant*
Imprevedibile = *Unpredictable*
Magari = *Maybe*
Mentre = *While*

Congelare = *To freeze*
Crepare = *To die*
Sottovalutare = *To understimate*
Cadere = *To fall down*
Scoppiare = To break out
Lanciare = *To throw*
Sbagliare = *To be wrong, to make a mistake*
Sparire = *To disappear*

Essere dietro l'angolo = *Around the corner*
Per sbaglio = *By accident*
A che serve = *What for*
Sveglia! = *Wake up!*
Che figata = *How cool*
Ma ti rendi conto = *Can you believe it*
Altro che = *For sure not*

Riassumi il testo
Summarise the text orally

Di seguito alcuni punti chiave che puoi seguire.
Here are some key points you can follow.

-Due amici parlano, Giorgio vuole andare al mare ma Giorgio deve lavorare.
-Giorgio dice che il lavoro è importante, è meglio avere sempre i soldi.
-Giorgio dice che se succede qualcosa di brutto, con i soldi sei a posto.
-Giorgio fa l'esempio dal vaso per spiegare la forza del caso.
-Leonardo dice che questo è pessimismo e che non sempre i soldi servono.
-Giorgino propone l'ibernazione, possibile solo con i soldi.
-Leonardo dice che nemmeno quella va bene e fa l'esempio del dittatore.

Il marketing è tutto
Marketing is everything

-Ciao Martino! Allora, quale facoltà prendi?

-Ciao Marcello! Prendo Economia, voglio studiare il marketing, voglio fare tanti soldi col marketing.

-Ah bene, molto bene, allora buona fortuna!

-Oggi è tutto pubblicità, **non importa** quello che vendi, importa come lo vendi!

-Esatto carissimo, esatto... Oggi puoi vendere quello che vuoi, anche i topi, se li sai vendere bene!

-Ahhaha, i topi non credo proprio! **In ogni modo, sì dai**, in generale **hai ragione**... Ma insomma tu che progetti hai? Cosa vuoi vendere? Non i topi spero!

-No ma quasi...

-Cioè?!

-Ti ricordi il sushi? Una moda improvvisa, **a un certo punto** in Italia tutti a mangiare il pesce crudo, cioè il sushi, assurdo no? Gli italiani che mangiano il pesce crudo! Incredibile, non è vero? Ma **c'è un motivo**...

-Il marketing?

-Esatto amico mio, esatto! Proprio quello! Senza un ottimo marketing, **col cavolo** che gli italiani mangiano il pesce crudo!

-E quindi **cosa hai in mente**?

-E quindi, e quindi... **Ho un'idea che mi gira per la testa**... Considerando appunto questa cosa del sushi, no?... Io prevedo che la prossima strana moda alimentare …

- **Oddio**, sono già preoccupato…. Qual è?

-La nuova moda sono… gli insetti! Sì, proprio così! **Bisogna** aprire un ristorante dove si mangiano insetti.

-Cosa?! Ma tu pensi che se gli italiani mangiano il pesce crudo significa che possono mangiare anche le cavallette e i ragni?!

-**Proprio così**, carissimo, proprio così. Quello che oggi sembra assurdo, domani è la normalità, questo è il marketing **in fondo, tutto qui!**

Credimi, tra due o tre anni in Italia abbiamo la moda degli insetti, ristoranti di insetti ovunque! Ragni, grilli, cavallette, zanzare, scarafaggi di ogni tipo!

-Ma **che schifo**! Mi viene da vomitare!

-Adesso sì, certo… Ma poi ti abitui, l'abitudine rivoluziona il mondo amico mio e il marketing direziona le abitudini, le prevede, le crea!

-Va bene Martinello, ascolta… Io penso di emigrare, non so, vado più lontano possibile, vado in Islanda, vado in Groenlandia, vado in un poso freddo dove gli insetti non esistono, ti saluto amico caro, parto subito!

-Ahahaha, buon viaggio allora!

-Grazie! A te invece buon appetito!

Vocabolario *Vocabulary*

Ecco alcuni sostantivi, verbi ed espressioni che potresti non conoscere. Per memorizzarli, prova a formare alcune frasi con essi.
Here are some nouns, verbs and expressions you might not know, try to form some sentences with them in order to memorize them.

Preoccupato = *Worried*
Ovunque = *Wverywhere*
Pubblicità = *Advertising*
Topo = *Mouse*
Carissimo = *Dear*
Insomma, in fondo = *In the end*
Cioè = *What is, what, which means, i.e.*
Crudo = *Raw*
Quindi = Then
Appunto = *Indeed*
Cavalletta = *Locust*
Grillo = *Grasshopper*
Ragno = *Spider*
Insetto = *Insect*
Zanzara = *Mosquito*
Scarafaggio = *Cockroach*
Tra = *In (used with time. ex: in a aweek, in a yeat etc.)*
Abitudine = *Habit*

Credere (credimi) = *Believe, believe me*
Sperare = *To hope*
Prevedere = *To foresee*

Sembrare = *To seem*
Vomitare = *To puke*
Considerando = *Considering*
Abituarsi = *To get use to something*

Non importa = *It doesn't matter*
In ogni modo = *In any ways*
Sì dai = *Yes come on*
Insomma, in generale = *In general*
C'è un motivo = *There is a reason*
A un certo punto = *At some point*
Avere ragione = *To be right*
Col cavolo = *For sure not*
Avere un'idea che gira per la testa = *To have an idea in mind*
Che schifo = *How disgusting*
Oddio = *Oh my God*
Cosa hai in mente? = *What do you have in mind?*
Proprio così = *Just like that*
In fondo = *In the end*
Bisogna = *We/you need*
Tutto qui = *That's it*

Riassumi il testo
Summarise the text orally

Di seguito alcuni punti chiave che puoi seguire.
Here are some key points you can follow.

-Due amici parlano di università
-Martino vuole prendere Economia
-Dice che il marketing è tutto, fa l'esempio dei topi
-Fa l'esempio del sushi
-Prevede la nuova moda alimentare
-A Marcello fa schifo questa idea
-Marcello vuole scappare in un poso freddo

La Ferrari

-Allora cara Lorenzina, cosa vuoi per il tuo compleanno?

-Voglio un gran bel regalo, Silvietto mio!

-Sicuro amore, ma cosa?...

-Voglio una Ferrari!

-Una che?! Ma se neanche sai guidare tu? Non hai nemmeno la patente!

-Poi imparo, tu intanto compra la Ferrari, comprala, dai!

-Ma Lorenzina sei impazzita? Ma dove li prendo i soldi, li stampo?!

-Ma amore semmai prendiamo un mutuo, no? E' facile! Vai in banca, firmi quattro fogli forse cinque e poi la banca ti presta i soldi, **è così che funziona**! Gabriellina compra una casa nuova adesso e anche lei fa così, dice che va in banca e prende un mutuo!

-La tua amica Gabriellina compra la casa perché già ha un po' di soldi, quindi nel suo caso non è difficile chiedere altri trenta o quarantamila euro e poi Gabriellina ha un lavoro, tu no! Con quali garanzie la banca ti presta i soldi?

-Ma tu devi comprare, non io! Tu devi avere le garanzie, non io!

-Ma neanche io ho un lavoro, amore **lo sai**... Noi due viviamo solo d'amore, è il nostro patto speciale, il nostro accordo segreto... non ricordi?..

-Appunto, è segreto! La banca non lo sa!

-La banca sa tutto, tesoro.

-Uffa!.... E comprami questa Ferrari dai! Ti prego amore, ti prego!

-Ma tesoro, è praticamente impossibile, dove li trovo i soldi per una Ferrari?!

-Hai tanti amici tu! Chiedi un po' di soldi a ognuno di loro!

-**Ma tu sei fuori**!

-**Uffa**! Io voglio una Ferrari! Inventa qualcosa, dimostra che mi ami!

Dopo una settimana...

-Amore, scendi di sotto, esci dal palazzo e guarda cosa c'è sul parcheggio...

-Veramente dici?! Scendo subito!!

Appena fuori dal palazzo, di fronte al parcheggio...

-Amore!!! Ma è bellissima!!! Rossa, nuova, stupenda!!! Amore ti amo tanto, ti amo, ti amo, ti amo tantissimo, sei l'amore della mia vita, sei il più bello, il più bravo, il più grande di tutti! Ancora non credo ai miei occhi! E' proprio una Ferrari! Ma come è possibile?!

*Driiiiiiin!!! **All'improvviso** suona il telefono e Lorenzina fa un salto sul letto! Finalmente apre gli occhi e guarda l'orologio..*

*Sono già le otto e un quarto, è tardissimo, deve andare al lavoro! "Mamma mia, **meglio fare in fretta**", pensa Lorenzina, mentre salta giù dal letto.*

Vocabolario *Vocabulary*

Ecco alcuni sostantivi, verbi ed espressioni che potresti non conoscere. Per memorizzarli, prova a formare alcune frasi con essi.
Here are some nouns, verbs and expressions you might not know, try to form some sentences with them in order to memorize them.

Neanche, nemmeno = *Neither*
Gran bel = *Nice and great*
Patente = *Driving licence*
Semmai = *In case*
Mutuo = *Mortgage*
Garanzia = *Guarantee*
Patto = *Pact*
Accordo = *Agreement*
Ognuno = *Each one*
Di sotto = *Downstairs*
Tardissimo = *Very late*
Salto = *Jump*
Tardissimo = *Very late*

Voglio (volere) = *I want (to want)*
Stampare = *To print*
Firmare = *To sign*
Prestare = *To lend*
Comprami (comprare) = *Buy me (to buy)*
Dimostrare = *To show*
Esci (uscire) = *Go out (to go out)*
Ti prego (pregare) = *I beg you (to beg)*

E' così che funziona! = *This is how it works*

Lo sai = *You know it*
Uffa! = *How boring!*
Ma tu sei fuori! = *You are crazy!*
All'improvviso = *Suddenly*
Suona il telefono = *The phone rings*
Meglio fare in fretta = *Better to hurry up*
Non credo ai miei occhi = *I can't belive my eyes*

Riassumi il testo
Summarise the text orally

Di seguito alcuni punti chiave che puoi seguire.
Here are some key points you can follow.

-Lorenzina vuole una Ferrari come regalo di compleanno
-Silvio dice che lei non sa guidare e lui non ha i soldi.
-Lei propone di prendere un mutuo in banca, secondo lei è molto facile.
-Per Gabriellina è facile perché ha già un po' di soldi.
-Silvio e Lorenzina hanno un patto speciale e segreto.
-Dopo una settimana finalmente Silvio compra la Ferrari.
-Lorenzina si sveglia, è tardi e deve andare al lavoro.

STUDIO
STUDYING

I compiti
Homeworks

-Papà devo fare i compiti! Mi aiuti?

-Certo tesoro!

-Grazie papà, ti voglio bene!

-Che compiti devi fare?

-Matematica!

-Ah! La matematica non **è il mio forte** amore, meglio chiedere alla mamma, lei è brava in matematica!

-Ah… Va bene…

-Ora vai a giocare, tesoro! Poi stasera con la mamma fai la matematica, ok?

-Aspetta papà, aspetta! Ho anche altri compiti! Non andare via!

-Mamma mia quanti compiti! Che altri compiti hai, amore?

-Ho geografia, devo imparare a memoria tutti i nomi dei fiumi italiani, il Po', il Tevere, l'Arno ecc.

-Ah! La geografia! Amore mi dispiace ma la geografia non è proprio il mio forte, chiedi alla nonna Aurelia, lei sa tutto di geografia e poi lei **è una giramondo**! Chiedi a lei amore, lei è la persona giusta!

-Ok…

-Ora vai a giocare con le amichette amore, dai che oggi è una bella giornata!

-Aspetta papà, aspetta! Aspetta un attimo! Ho anche scienze per domani, come faccio? Io non so niente di scienze! Mi aiuti per favore?

-Amore... ma lo sai che le scienze non sono il mio forte, purtroppo... Devi chiedere a tuo fratello Armando, lui sa tutto di scienze, lui è un campione di scienze, da grande vuole fare lo scienziato, chiedi a lui tesoro! Lui è la persona giusta!

-Ok, ok... Papà ma tu non sai niente di niente? Matematica zero, geografia zero, scienze zero ma perché? I papà di solito sanno tutto!

-Amore, io sono un papà moderno, **al giorno d'oggi** i papà non sanno niente e nemmeno i figli, nessuno sa più niente, oggi è solo Facebook, Instagram e queste cose qua, il mondo è cambiato amore! Il sapere è da sfigati!

-Allora sono proprio fortunata ad avere un papà così figo! Ti voglio tanto bene papà!

-Anch'io amore, adesso dai, vai a giocare che qui a casa arrivano ospiti, devo preparare un aperitivo!

-Ok papà a stasera allora, ciao ciao!

-Ciao piccolina!

Vocabolario *Vocabulary*

Ecco alcuni sostantivi, verbi ed espressioni che potresti non conoscere. Per memorizzarli, prova a formare alcune frasi con essi.
Here are some nouns, verbs and expressions you might not know, try to form some sentences with them in order to memorize them.

Compiti = *Homeworks*
Il sapere = *Knowledge*
Ospiti = *Guests*
Tesoro = *Sweety*
Stasera = *This evening*
La persona giusta = *The right person*
Bella giornata = *Nice day*
Scienziato = *Scientist*

Ti voglio bene = *I love you (more used with family members or friends, for couples is "ti amo").*
Imparare a memoria = *To learn by heart*
Mi dispiace (dispiacere) = *I'm sorry*
Mi aiuti? (aiutare) = *Can you help me?*

E' il mio forte = *It's my cup of tea*
Aspetta! (Aspettare, imperativo)= wait! *(to wait)*
Essere un/una giramondo = *To be a travel lover*
Non sapere niente di niente = *To know absolutely nothing*
Al giorno d'oggi = *Nowadays*

Domande *Questions*

1) Perché il padre non può aiutare la figlia in matematica?
2) A chi può chiedere aiuto la figlia per la geografia e perché?
3) A chi può chiedere aiuto la figlia per le scienze e perché?
4) Perché il papà non sa niente?
5) La figlia dice di essere fortunata per avere un papà così, cosa pensi di questo?
6) Secondo il papà "il sapere è da sfigati", cosa pensi di questa affermazione?
7) Secondo te è vero che i papà al giorno d'oggi non sanno niente?
8) I papà di oggi secondo te sanno più dei papà di cinquanta anni fa? Perché?
9) Cosa pensi dei social? Alcuni dicono che fanno diventare le persone più ignoranti, altri dicono che aiutano le persone ad informarsi di più e sapere più cose. Qual è la tua opinione in proposito?

Riassumi il testo
Summarise the text orally

Di seguito alcuni punti chiave che puoi seguire.
Here are some key points you can follow.

-La figlia chiede aiuto al padre per fare i compiti
-Il padre non sa fare niente di niente.
-Il padre suggerisce di chiedere aiuto al fratello e alla nonna.
-Alla fine il padre dice che lui è moderno, è figo e il sapere è da sfigati
-La figlia è soddisfatta della risposta e, contenta, va a giocare.

Gli studenti Erasmus
The Erasmus students

Luca e Giovanni sono due studenti di Lettere[2] del primo anno, all'Università di Venezia. Non hanno molta voglia di studiare ma hanno però molta voglia di divertirsi. Il prossimo anno vogliono andare in Erasmus, questa è la loro idea.

-Allora Luchino, dobbiamo trovare un paese! Dove andiamo a **fare baldoria**?

-Non so, dove c'è più possibilità, ovvio!

-Ma guarda per me **è uguale**, **basta che** partiamo! Mario Baldi, lo conosci no, quello del secondo anno? Lui dice che la Spagna **è il top**, feste ogni sera, sole e mare tutto l'anno, pensa che gli spagnoli cenano alle undici e escono a mezzanotte!

-**Ammazza**! E a che ora rientrano?!

-**Boh**! E che ne so? Forse non rientrano!

-Ahahah

-L'ideale per noi!

-Ma poi la mattina come facciamo a andare a lezione?

-Ma quale lezione, Giovannino?! Ma dai ma lo sanno tutti che l'Erasmus è un vacanza! Tutti quelli che vanno, fanno festa **e basta**, festa tuti i giorni, festa per un anno!

Ti rendi conto Luc?! Non vedo l'ora di partire!!

---

[2] Humanities

-Ma poi come facciamo con l'Università, con le lezioni, con gli esami?

-Ma dai poi un modo lo troviamo, siamo creativi, un'idea la troviamo!

-Ma **intendo dire**, proprio… Come facciamo a studiare, a andare a lezione, a dare gli esami?

-Ma dai, basta! **Non fare lo sfigato!** Lo troviamo un modo! Diciamo che non parliamo spagnolo, che non parliamo inglese, che.. che non siamo organizzati, che..

-Che siamo italiani, insomma!

-Ahahaha! Esatto, dai poi un modo lo troviamo, intanto partiamo!

-E partiamo allora!

-Bene! Bisogna trovare un professore per prima cosa, uno che ha il contatto in Spagna, meglio ancora in una città di mare, Barcellona, Valencia queste qui…

-Bisogna fare una ricerca…

-Va bene dai qualcosa bisogna fare! Un po' **bisogna sbattersi!** Non è che **le cose ti cadono dal cielo!** Dai pigrone, forza! **Alza e le chiappe**, vai all'Università, trova un prof! Dai!

-E tu invece che fai? Rimani steso sul divano, pigrone?!

-Oggi mi sento un po' stanco, dai vai tu intanto, poi se non trovi niente, domani andiamo insieme ok?

-Ok ma allora dai andiamo domani direttamente, anche io oggi sono un po' stanco, poi con questo caldo… Non ho voglia di far niente…

-Neanche di cercare chi ti regala una vacanza di un anno?!

-Neanche!

-Sei proprio sfigato!

-Tu peggio!

-Ma dove andiamo noi due?!

-Altro che in Spagna, nemmeno in facoltà qua sotto riusciamo ad andare!

-Ma sì, in effetti **è uno sbattimento**.... Devi andare a cercare il prof, firmare un sacco di documenti, poi partire, fare il trasloco, poi magari non ti piace, poi...

-Poi, sai che ti dico? Ma rimaniamo qui! Poi il prossimo anno il Venezia gioca in Serie A[3], andiamo allo stadio ogni domenica!

-**Minchia**! Ogni domenica il Milan, l'Inter, la Juve! Ma io rimango qua, ma **chissenefrega** della Spagna!

-Ma davvero! Io sto con te!

-Grande, fratello!

---

[3] The main national Football league.

Vocabolario *Vocabulary*

Ecco alcuni sostantivi, verbi ed espressioni che
potresti non conoscere. Per memorizzarli, prova
a formare alcune frasi con essi.
*Here are some nouns, verbs and expressions
you might not know, try to form some sentences
with them in order to memorize them.*

Ovvio = *Obvious*
Sfigato = *Looser*
Insomma = *In the end*
Ricerca = *Risearch*
Pigro = *Lazy*
Pigrone = *Lazy-ass*
Peggio = *Worst*

Fare baldoria = *Partying*
Avere voglia di = *To want to do something*
Fare festa = *To have fun*
Riuscire = *To manage to do something*

È uguale = *It's the same*
Lo conosci no = *You know him right?*
Basta che = *As long as*
Essere il top = *To be the top*
Ammazza! = *Wow!*
Boh = *I don't know*
E che ne so = *How could I know*
Fanno festa e basta = *They party and nothing
more*
E basta = *And that's it*
Ma ti rendi conto? = *Can you believe it?*

Non vedo l'ora = *I can't wait*
Intendo dire = *I mean*
Non fare lo sfigato = *Don't be a looser*
Bisogna sbattersi = *You need to get buzy, you need to get your ass up (colloquial)*
Le cose non cadono dal cielo = *No one gives you somethig for free*
Minchia = *Damn*
Chissenefrega = *Who cares*
Alza le chiappe = *Get your ass up (colloquial)*

Riassumi il testo
Summarise the text orally

Di seguito alcuni punti chiave che puoi seguire.
Here are some key points you can follow.

-Luca e Giovanni sono due studenti di Lettere, il prossimo anno vogliono andare in Erasmus in Spagna.
-Dicono che la Spagna è il top per diversi motivi.
-Luca è preoccupato, dice che poi se fanno festa ogni giorno non riescono a studiare.
-Giovanni dice che un modo lo trovano.
-I due però devono "sbattersi", devono organizzarsi, trovare un Prof, ecc.
-Purtroppo però sono troppo pigri e allora decidono di rimanere a Venezia.

Le lingue straniere sono importanti
Foreign languages are important

-Allora Corradino, vuoi studiare le lingue straniere?

-Sì, esatto! Tutte le voglio studiare, proprio tutte! Più lingue imparo e meglio è!

-Ma perché? Perché hai tutta questa necessità di imparare tante lingue? Non basta una? Non basta l'inglese?

-Ma scherzi? Se vai in Turkmenistan tu pensi che basti l'inglese?

-Magari no, non basta ma io non credo di andare in Turkmenistan prossimamente!

-**Non si sa mai**, non si sa mai amico mio... Il mondo oggi è piccolo, viviamo in un mondo globalizzato, un villaggio globale come si dice... Un giorno sei qua, un giorno sei là e un altro giorno magari sei in Turkmenistan.... **Chi lo sa**!

-Beh, io lo so! So benissimo dove sono e so benissimo che voglio rimanere qui, a Roma!

-**Non si può mai sapere** Gianfranco, non si può mai sapere... Il futuro è incerto, oggi sei a Roma ma domani la tua azienda apre una filiale, che so io, in Cambogia ed ecco che tu **in quattro e quattr'otto** fai le valigie e ti ritrovi in Cambogia. Ecco che a quel punto devi imparare il "khmer", cioè cambogiano, non hai alternative, non hai altre alternative!

-Ma come ti viene in mente che devo andare in Cambogia?! Il mio capo sta a Roma e sta benissimo a Roma, ha una piccola azienda e non credo proprio voglia **mollare tutto** e trasferirsi in Oriente!

-**Mai porre limiti alla provvidenza** amico mio, quello che oggi sembra assurdo, domani è già routine. Guarda i giovani d'oggi, vanno tutti in giro col monopattino! Ai tempi nostri solo moto, moto, moto e ancora moto! Il monopattino sarebbe stato impensabile!

-Beh, in effetti hai ragione Corradino caro, hai proprio ragione…

-Vedi allora che bisogna imparare le lingue? E poi il cambogiano è parlato da diciotto milioni di persone! Lo si parla anche in Vietnam! Immagina quanto saresti fortunato se ti ritrovassi all'improvviso in Vietnam tu che già sai il cambogiano!

-Ma io non voglio andare in Vietnam!

-E invece sì! Cioè, voglio dire… devi essere pronto a tutto, magari tu non vuoi spostarti ma allora immagina se tra un mese, **che so io**, l'Uzbekistan apre un milione di aziende in Italia… A quel punto, dobbiamo lavorare per loro e dobbiamo tutti imparare l'uzbeko, per esempio. Non è una lingua facile l'uzbeko, non credere!

-Ma non credo, no! Ma perché mai devono aprire tutte queste aziende uzbeke da noi?!

-Non si sa mai amico caro, non si sa mai, il futuro è imprevedibile, meglio **essere pronti a ogni evenienza**, meglio essere preparati a tutto.

-Va bene Corradino va bene, hai ragione, vado a farmi un corso di esperanto allora, così almeno in caso ci siano tutti questi spostamenti nel mondo, magari si mettono d'accordo e scelgono una lingua comune, così almeno, dobbiamo studiarne solo una invece che duecentocinquantamila!

-Hai ragione qui, hai assolutamente ragione amico mio! Ti seguo Gianfri, comincio il corso con te!

Vocabolario *Vocabulary*

Ecco alcuni sostantivi, verbi ed espressioni che potresti non conoscere. Per memorizzarli, prova a formare alcune frasi con essi.
Here are some nouns, verbs and expressions you might not know, try to form some sentences with them in order to memorize them.

Basta = *Enough*
Magari = *Maybe*
Prossimamente = *Soon*
Incerto = *Uncertain*
Azienda = *Company*
Filiale = *Branch*
Monopattino = *Kickboard*
Beh = *Well*
Imprevedibile = *Unpredictable*
Evenienza = *Eventuality*

Scherzare = *To joke*
Porre = *To put*
Rimanere = *To remain*

Non si sa mai, non si può mai sapere = *You never know*
Chi lo sa = *Who knows*
Io lo so = *I know it*
In quattro e quattr'otto = *In a second*
Mollare tutto = *To leave everything*
Ma come ti viene in mente? = *How do you even come up with this?*
A quel punto = *Then*

Mai porre limiti alla provvidenza = *Never put limit to nature*

Ai tempi nostri = *Back to our time, back in the past*

In effetti = *Indeed*

Che so io = *I don't know, it can be*

Beh, in effetti hai ragione = *Well, actually you're right*

Pronto a ogni evenienza, Pronto a tutto, preparati a tutto = *Ready to everything*

Tra un mese = *In a month*

A quel punto = *Then*

Ti seguo = *I follow you*

Riassumi il testo
Summarise the text orally

Di seguito alcuni punti chiave che puoi seguire.
Here are some key points you can follow.

-Corradino vuole studiare tutte le lingue straniere

-Perché non si sa mai, viviamo in un mondo globalizzato e il futuro è incerto.

-Gianfranco invece è sicuro, lui vuole rimanere a Roma.

-Corradino invece dice che c'è il rischio di finire in Turkmenistan o in Cambogia, a quel punto bisogna imparare quelle lingue.

SPORT

Sportiva a modo suo
Sporty in her own way

-Ciao Lucilla! Come va?

-Tutto bene Chiara e tu?

-Anch'io tutto ok!

-Lucilla, ti piace giocare a calcio?

-Sì Chiara! Certo! Mi piace molto!

-Tu giochi spesso a calcio?

-Si gioco spesso!

-Sei brava?

-Sì sono brava ma soprattutto perché io uso anche le mani!

-Usi le mani? Ma non si può! A calcio si usano solo i piedi, per questo si chiama calcio, perché calci!

-E ma io con i piedi non sono tanto brava, quindi uso anche le mani, io infatti sono brava a pallavolo!

-E allora perché giochi a calcio, Lucilla? Gioca a pallavolo, no?

-Ma io sono una tipa sportiva! Voglio giocare a tutti gli sport!

-Tutti insieme?

-No, no… Non tutti insieme ovviamente…

-Ah ecco, solo due in somma... Bene, bene... A che altri sport giochi di solito?

-Gioco a carte.

-Ma quello non è uno sport, Lucilla!

-Ma io e Camilletta, la mia amica, giochiamo a carte correndo, quindi sì è uno sport!

-Correndo? Ma come fate?!

-Semplice, c'è Antonietta, un'altra nostra amica che corre insieme a noi, o meglio tra noi… e tiene in mano un tavolino, e noi lì, correndo, buttiamo giù le carte, su quel tavolino intendo…

-Ma non è scomodo?

-Beh un po' sì, mio nonno per esempio dice che così non si può bere un bicchiere di vino, lui infatti ogni volta che gioca a carte beve il vino.

-Beh, mi sembra più saggio di te, **a dirla tutta**!

-Ah, e poi giochiamo anche a palla nel soffitto!

-Cioè?!

-Cioè io, mio fratello Ernesto e il mio cane Arnaldo, tiriamo la palla nel soffitto e poi…

-Il tuo cane… tira la palla?

-Beh, in realtà lui guarda **per lo più**, non è molto sportivo… Sono io la più sportiva.

-Ah ecco… e quindi tirate questa palla nel soffitto… e poi?

-E poi niente, la palla scende giù e rimbalza sul pavimento! Vince chi fa fare alla palla più rimbalzi sul pavimento.

-Mamma mia, un gioco davvero elettrizzante, immagino l'adrenalina ogni volta…

-Sì, è un gioco davvero stupendo! Devi assolutamente provarlo, Lucetta!

-**Non vedo l'ora,** guarda… non vedo l'ora…

Vocabolario *Vocabulary*

Ecco alcuni sostantivi, verbi ed espressioni che potresti non conoscere. Per memorizzarli, prova a formare alcune frasi con essi.
Here are some nouns, verbs and expressions you might not know, try to form some sentences with them in order to memorize them.

Pallavolo = *Volleyball*
Scomodo = *Unconfortable*
Saggio = *Wise*
Soffitto = *Ceiling*
Rimbalzo = *Bounce*
Elettrizzante = *Very exciting*

Rimbalzare = *To bounce*
Tirare = *To throw*

A dirla tutta = *To say it all, to be fair*
Per lo più = *Mostly, mainly*
Non vedo l'ora = *I can't wait*

Riassumi il testo oralmente
Summarise the text orally

Di seguito alcuni punti chiave che puoi seguire.
Here are some key points you can follow.

-Chiara e Lucilla parlano di sport, di clacio in particolare.
-Lucilla gioca a calcio un po' a modo suo perché usa anche le mani.
-Lucilla inoltre gioca a carte correndo in modo strano, con due sue amiche.
-Il nonno dice che è impossibile giocare così perché non si può bere.
-Lucilla inoltre gioca ad un altro sport strano che Chiara trova molto elettrizzante.

Corsa con patate
Running with potatos

-Ciao Isabella!

-Ciao Matilde!

-Che fai oggi?

-Ma non so ancora... Forse vado al ristorante, ho voglia di un bel piatto di spaghetti alla bolognese accompagnati da un buon Chianti.

-Non male come programma, mi sa che ti accompagno! Ho proprio voglia di un bel pranzetto anch'io! Ho una fame oggi... dai vengo con te! Ho voglia di tagliatelle al sugo di cinghiale, una bella bisteccona alla fiorentina, melanzane alla parmigiana, un bel tiramisù, caffè, ammazzacaffè, limoncello e..

-E basta! Ma quanto mangi Isa?! **Alla faccia del** pranzetto!

-Ma **si vive una volta e basta** Matilde! Bisogna **godersi la vita** mia cara!

-Hai proprio ragione!

-Dopo pranzo poi possiamo andare a correre al parco, così smaltiamo subito un po' di calorie!

-Subito dopo pranzo dici?

-Sì, sì, subito dopo, sennò le calorie si trasformano in grasso, se invece le fermi subito, mantieni la linea.

-Davvero?

-Sì, è una nuova dieta, creata da un certo Professor Imbriani, Imbrogli, Imbroglioni.. non ricordo ora…

-Ma quindi **come funziona** esattamente? Basta correre dopo mangiato? E per quanto tempo?

-Sì, allora funziona così, il principio è questo: mangi quanto vuoi ma subito dopo pranzo invece di metterti in poltrona devi subito andare a correre per novanta minuti, portando con te un sacco di patate.

-Cosa?...

-Sì, esatto. Poi ogni cinque minuti, continuando a correre, devi lanciare in aria il sacco di patate per almeno dieci volte e poi riprenderlo ovviamente. Se non lo riprendi, cioè se il sacco cade allora devi ricominciare i novanta minuti…

-Ma **tu sei fuori**!

-Funziona Isa, funziona! Ah, inoltre dovresti correre scalza, in questo modo, secondo il professor Imbrogli, instauri un contatto più profondo con la natura, serve anche questo a perdere le calorie.

-Che cosa?

-Sì, è così perché con le scarpe poi non perdi le calorie.

-Cioè quindi fammi capire, noi adesso andiamo a pranzo, poi subito dopo pranzo tu ti togli le scarpe e con un bel saccone di patate in spalla vai al parco qui in centro a correre e far saltare in aria le patate? Ho capito bene?

-Sì! Hai capito perfettamente!

-Bene Matilde, guarda **mi sa** che io non ho più fame sai... mi sa che cambio programma, vado in palestra oggi, semmai mangio un panino **al volo**, in ogni modo buona fortuna e buona corsa con patate!
-Grazie cara, a presto!
-A presto Isa!

Vocabolario *Vocabulary*

Ecco alcuni sostantivi, verbi ed espressioni che potresti non conoscere. Per memorizzarli, prova a formare alcune frasi con essi.
Here are some nouns, verbs and expressions you might not know, try to form some sentences with them in order to memorize them.

Pallavolo = *Volleyball*
Imbroglio = *Cheating*
Basta = *Enough*
Principio = *Principle*
Scalzo = *Barefoot*
Profondo = *Deep*
Spalla = *Shoulder*

Smaltire = *To get rid of*
Mantenere = *To keep*
Instaurare = *To set*
Alla facia di = *In the face of*
Si vive una volta e basta = *You onlu live once*
Godersi la vita = *To enjoy life*
Come funziona = *How does it work*
Tu sei fuori = *You've lost your mind*
Fammi capire = *Let me understand*
Mi sa = *It seems to me*
Al volo = *Very fast*
Mangiare un panino al volo = *To grab a bite*

Riassumi il testo oralmente
Summarise the text orally

Di seguito alcuni punti chiave che puoi seguire.
Here are some key points you can follow.

-Isabella e Matilde vogliono andare al ristorante.
-Isabella propone di correre al parco subito dopo pranzo.
-E' una corsa al quanto strana però ma a Isa piace molto.
-Matilde non è molto d'accordo e alla fina cambia programma.

Il pugile, anzi no, lo psicologo!
The boxer, oh no, the psychologist!

-Danielino, bambino mio, che vuoi fare da grande?

-Voglio fare il pugile!

-E perché proprio il pugile?

-Perché voglio essere il più forte di tutti.

-E perché hai questa necessità?

-Come perché? Perché i deboli sono sfigati e i forti sono fighi!

-Ma davvero? E che significa essere forti?

-Significa menare tutti.

-Quello è essere brutali, non essere forti, il vero forte non ha bisogno di menare. Danielino, la vera forza è quella interiore non quella esteriore.

-Davvero? E cosa fai con la forza interiore?

-Con la forza interiore fai quello che vuoi, fai cose impensabili!

-Per esempio?

-Per esempio, se tu hai una grande forza interiore, ossia una grande forza di volontà, puoi realizzare i tuoi sogni... **Mettiamo che** il tuo sogno è diventare il pugile più forte di tutti e vincere il campionato del mondo di pugilato. Se tu hai una grande forza interiore, puoi raggiungere il tuo obiettivo!

Pensa che soddisfazione essere il campione del mondo!

-Mamma hai ragione, è bellissimo!

-Certo amore, non hai bisogno di menare gli altri, cioè non devi diventare un pugile bravo per menare gli altri...

-Quindi devo diventare un pugile bravo solo perché mi piace questo sport?

-Esatto! E vincere nello sport è bellissimo, vincere è sinonimo di forza, perché rispetti le regole, rispetti il tuo avversario, è una gara alla pari insomma.

-Meglio che menare, sì?

-Certo! Ma che soddisfazione puoi avere, tu campione di pugilato a menare una persona che non sa difendersi, che non sa nemmeno cos'è il pugilato? Immagina quanta più soddisfazione puoi avere a "menare" un pugile, uno che è al tuo stesso livello, forte quanto te! Se "meni" lui, cioè se vinci con lui, allora sì che sei bravo, allora sì che sei forte!

-Mamma, papà ha ragione quando dice che ti ama perché tu sai tutto e capisci tutto...

-Non esageriamo, diciamo che è parte del mio lavoro, aiuto la gente a **vedere le cose dal verso giusto** diciamo, la psicologia serve a questo in fondo e a me piace aiutare la gente a migliorarsi, per questo faccio la psicologa.

-Mamma, mamma!

-**Che c'è** amore?

-Non voglio più fare il pugile!

-Davvero? Perché?

-Voglio fare lo psicologo anch'io come te, è molto più cool!

-Ahhahha! Ottima scelta amore, **benvenuto nel club**!

Vocabolario *Vocabulary*

Ecco alcuni sostantivi, verbi ed espressioni che potresti non conoscere. Per memorizzarli, prova a formare alcune frasi con essi.
Here are some nouns, verbs and expressions you might not know, try to form some sentences with them in order to memorize them.

Pugile = *Boxer*
Volontà = *Will*
Figo = *Cool*
Sfigato = *Looser*
Obiettivo = *Target*
Cioè = *That is, i.e.*
Avversario = *Opponent*
Gara = *Competition*
Nemmeno = *Neither*

Menare = *To beat*
Raggiungere = *To reach*
Vincere = *To win*
Esagerare = *To exaggerate*
Migliorarsi = *To improve*

Mettiamo che = *For example*
Vedere le cose dal verso giusto = *See things from the right side*
Che c'è? = *What's up?*
Benvenuto nel club = *Welcome to the club*

Riassumi il testo
Summarise the text orally

Di seguito alcuni punti chiave che puoi seguire.
Here are some key points you can follow.

Try to summarize the text orally. Here are some
key point to follow:
-Danielino vuole fare il pugile perché vuole
menare tutti.
-Sua madre spiega che la vera forza è interiore,
non esteriore.
-La madre fa l'esempio della forza di volontà
-La madre spiega i valori dello sport
-Danielino cambia idea e decide di fare lo
psicologo.

Allo stadio
At the stadium

Il calcio è in Italia lo sport nazionale, lo sport **più amato** *e molti italiani, il fine settimana vanno allo stadio, per* **tifare la loro squadra del cuore.**

Mariolino Bellimbusti è di Firenze e quindi tifa la Fiorentina. Oggi è sabato e domani c'è la partita, Mariolino **non vede l'ora,** *ha già il biglietto.*

-Pinetta, amore, cara! Domani c'è la partita, io vado allo stadio lo sai, no? **Non prendere impegni, mi raccomando!**

-Certo amore, non ti preoccupare, domani non ti disturbo, esco con le amiche, andiamo al mare, domani è una bella giornata.

Il giorno dopo...

-Mariolino caro, ma tu vai allo stadio con la macchina domani?

-Certo e con cos'altro sennò? Il motorino è rotto e l'altra macchina è dal meccanico!

-Appunto, l'altra macchina è dal meccanico e io con cosa vado al mare?

-Non so, chiedi alle tue amiche, vai in macchina con loro, no?

-Annarella non ha la patente e Franceschina ha un braccio rotto, non può proprio guidare Franceschina, se guida lei facciamo un incidente, sicuro! Vuoi che facciamo un incidente, amore?

-Certo che no! Ma quindi, come fai allora?

-Semplice, vieni al mare con noi, guidi tu!

-Io? Ma se c'è la partita oggi?! Tra due ore comincia la partita, c'è Fiorentina – Juventus, ma sei pazza?!

-Ma va bene ma poi giocano un'altra volta quest'anno, no? Non è oggi l'ultima volta che Fiorentina e Juventus giocano insieme, **che problema c'è? Dai su**, andiamo al mare!

-Ma Pinetta sei impazzita?!

-Allora significa che non mi ami! Se non mi porti al mare, non mi ami! Mi ami?

-Amore ma certo che ti amo, **che domande**... ma oggi c'è la partita!

-Ma allora chi ami più me o la Fiorentina?...

*Mariolino per un attimo diventa serio, **abbassa la testa**, non sa cosa rispondere... poi dopo un po':*

-Amore... ma... certo... amo più te.. ma che domande....

-Grazie amore! Perfetto! Ti amo tanto anch'io! Allora bene dai, prendi il costume, prendi la crema solare, prendi gli asciugamani, prendi il materassino gonfiabile, prendi le ciabatte e anche la maschera. Ah! A proposito! Mentre io mi preparo e mi trucco tu prepara anche i panini che Franceschina vuole fare il pic-nic in spiaggia! Quindi ecco, prepara qualche panino al prosciutto, al salame, al capocollo o alla mortadella. Ah! A proposito! Annarella è vegetariana però, ti ricordi? Quindi per lei devi preparare panini senza carne, non so proprio cosa.. con cosa puoi farli.. Trova un'idea! Tu sei creativo!

-Va bene tesoro, va bene, allora guarda, faccio così, vado al supermercato così vedo se trovo lì qualcosa di vegetariano.

-Perfetto amore! Torna presto però mi raccomando che **tra poco** partiamo!

-Sì, sì, torno prestissimo…

Mariolino, **di nascosto** *va in camera sua, prende la maglia della Fiorentina, la sciarpa della Fiorentina, la bandiera della Fiorentina e esce di casa. Prende la macchina e va dritto allo stadio, dove lo aspettano gli amici.*

Lui è un tipo creativo, se la moglie lo chiama, di sicuro poi trova un'idea giusta per risolvere la situazione!

Vocabolario *Vocabulary*

Ecco alcuni sostantivi, verbi ed espressioni che potresti non conoscere. Per memorizzarli, prova a formare alcune frasi con essi.
Here are some nouns, verbs and expressions you might not know, try to form some sentences with them in order to memorize them.

Cara = *Dear*
Incidente = *Accident*
Patente = *Driving license*
Braccio rotto = *Broken arm*
Motorino = *Scooter*
Rotto = *Broken*
Costume = *Bathing suit*
Asciugamani = *Towels*
Attimo = *Second*
Maglia = *Jersey*
Sciarpa = *Scarf*,
Bandiera = *Flag*
Dritto = *Straight*
Biglietto = *Ticket*
Tipo = *Person (colloquial epression)*

Abbassare = *To turn down*
Mi trucco (truccarsi) = *I put on my makeup*

Allo stadio = *At the stadium*
Più amato = *Most loved*
Non vede l'ora = *He can't wait*
Tifare la loro squadra del cuore = *Support their loved team*

Non ti preoccupare (preoccuparsi) = *Don't worry*
Non prendere impegni = *Don't make any plans*
Mi raccomando![4] = *I beg you!*
Che problema c'è? = Where's the problem?
Dai su = *Come on*
Che domande = *What are you talking about?*
Abbassa la testa = *He lowers his head*
Tra poco = *Soon*
Di nascosto = *Secretly*

Riassumi il testo
Summarise the text orally

Di seguito alcuni punti chiave che puoi seguire.
Here are some key points you can follow.

-Mariolino vuole andare allo stadio.
-Pinetta vuole andare al mare con le amiche.
-Hanno solo una macchina.
-Pinetta convince Mariolino a portare lei e le sue amiche al mare in macchina.
-Mariolino, anche se non è molto contento, dice di sì, per dimostrare il suo amore.
-Mariolino prepara da mangiare per il pic-nic al mare.
-Mariolino ha un'idea.
-Mariolino va allo stadio di nascosto.

---

[4] *"Mi raccomando" is a very common expression, it can mean: please, I beg you, don't forget, make sure.*

CIBO
FOOD

Il gelato al cioccolato
The chocolate ice cream

-Ciao Marcellino!

-Ciao zio Gilberto!

-Cosa vuoi mangiare?

-Voglio mangiare un gelato al cioccolato!

-Va bene, allora compriamo un gelato al cioccolato.

-Non solo cioccolato però! Anche pistacchio, fragola, pesca e ciliegia!

-Mamma mia quanti gusti! Ma è un gelato troppo grande!

-Non c'è problema zio Gilberto, lo mangio tutto!

-Va bene, va bene… Allora dai dunque, entriamo in gelateria!

-Sì!

-Buongiorno signor gelataio!

-Buongiorno a Lei!

-Vorrei un gelato per il bambino con i gusti cioccolato, pistacchio, fragola, pesca e ciliegia.

-Mi dispiace signore, la ciliegia è finita.

-Ok non importa, facciamo senza ciliegia allora.

-Purtroppo signore anche la pesca è finita e ora che vedo meglio è finita anche la fragola, mi dispiace davvero.

-Peccato, in ogni modo non importa, un gelato al cioccolato e al pistacchio allora.

-Ma signore, il pistacchio e il cioccolato insieme non stano molto bene, le suggerisco di scegliere o l'uno o l'altro.
-Va bene signor gelataio, allora prendiamo un gelato al cioccolato!
-Va bene signore, ecco a Lei.
-Grazie. Ecco Marcellino, prendi il tuo gelato al cioccolato.
-Grazie zio… (:

Vocabolario *Vocabulary*

Ecco alcuni sostantivi e verbi che potresti non conoscere. Per memorizzarli, prova a formare alcune frasi con essi.
Here are some nouns and verbs you might not know, try to form some sentences with them in order to memorize them.

Pistacchio = *Pistachio*
Fragola = *Strawberry*
Pesca = *Peach*
Ciliegia = *Cherry*
Zio = *Uncle*
Peccato = *Pitty*

Suggerisco (suggerire) = *I suggest (to suggest)*
Scegliere = *To choose*

Riassumi il testo oralmente
Summarise the text orally

Di seguito alcuni punti chiave che puoi seguire.
Here are some key points you can follow.

-Marcellino e suo zio Gilberto vanno in gelateria.
-Marcellino vuole un gelato con molti gusti diversi.
-Alcuni gusti sono finiti.
-Un gusto non sta bene col cioccolato.
-Alla fine Marcellino prende un semplice gelato al cioccolato.

L'uovo sodo
The boiled egg

-Ciao Giulio!

-Ciao Guido!

-Come va? Tutto bene?

-**Tutto alla grande** amico mio e tu?

-Anch'io tutto bene Giulio!

-Che fai oggi pomeriggio? **Che ne dici di** andare in piscina?

-Non so se **faccio in tempo**, devo andare a fare la spesa, domani ho una cena importante, invito il mio direttore e tutta la sua famiglia.

-Oh, davvero? Ma **come mai** questo invito?

-Ma sai, siamo amici **in fondo**! Anche con i figli.. Mia figlia Viviana va a scuola con suo figlio Valerio, ci vediamo sempre quindi, a scuola quando accompagniamo i bambini o più tardi al lavoro.

-Capisco. Beh, allora è davvero una cena importante, non voglio disturbarti Giulio, semmai per la piscina facciamo un'altra volta allora!

-Certamente! **Non c'è fretta!**

-Ma dimmi Giulio, cosa cucini al tuo Direttore?

-Ma non so, forse un uovo sodo, ora vediamo..

-Ma Giulio… E' il tuo Direttore! Devi preparare qualcosa di speciale! Non puoi cucinare un uovo sodo!

-Ma non lo sai, adesso l'uovo sodo è **tornato di moda**!

-Tornato cosa? Ma che dici Giulio?!

-Sì, sì, lo sanno tutti, l'uovo sodo adesso è molto *fashion*, lo vedi in tutti i ristoranti più *chic*[5]... Sai queste mode sceme, no? Il mondo va sempre **al contrario**, dobbiamo fare sempre le cose più <u>stupide</u>, per me però stavolta va bene, così non perdo tempo in cucina!

-A beh, questo sicuro! Allora buona cena e soprattutto buon appetito!

-Grazie caro, a presto!

---

[5] Termine francese in uso anche nella lingua italiana, significa "elegante". Pronuncia in italiano: *scik*.

Vocabolario *Vocabulary*

Ecco alcuni sostantivi, verbi ed espressioni che potresti non conoscere. Per memorizzarli, prova a formare alcune frasi con essi.
Here are some nouns, verbs and expressions you might not know, try to form some sentences with them in order to memorize them.

Sceme (scemo) = *Stupid*
Sicuro = *Sure*

Faccio in tempo (fare in tempo) = *I make it in time (to make it in time)*
Tornato di moda (tornare di moda) = *To come back into fashion*
Accompagniamo (accompagnare) = *To accompany*

Tutto alla grande = *Everything is going great*
Che ne dici di = *What do you think of*
Come mai = *Why*
In fondo = *In the end*
Non c'è fretta = *There's no hurry*
Al contrario = *On the opposite way*

Riassumi il testo oralmente
Summarise the text orally

Di seguito alcuni punti chiave che puoi seguire.
Here are some key points you can follow.

-Guido invita Giulio in piscina ma Giulio non può.
-Giulio ha un'idea speciale per il suo Direttore
-Secondo lui è un'idea molto chic, molto fashion.

La dieta della modella oversize
The diet of the oversized model

-Salve! Cosa desidera signora?

-Buongiorno! Un antipasto di pesce per favore. Avete la balena?

-Mi dispiace signora, non abbiamo balene, solo merluzzi al momento.

-Bene, allora niente pesce. Prendo la carne!

-Perfetto! Quale carne desidera?

- Avete i dinosauri?

- Ma signora….

- Cameriere, sono magrolina, non vede? Devo mangiare tanto io e poi adesso **vanno di moda** le modelle over size.

- Ma signora, Lei vuole fare la modella?

- Certo! Ho solo 65 anni, sono ancora giovane, l'importante infatti è essere giovani dentro e io dentro sono giovanissima! Ho solo bisogno di mangiare tanto.

- Capisco signora ma purtroppo in questo ristorante non abbiamo né balene, né dinosauri.

- Avete una giraffa? La voglio con contorno di patate e con la salsa rosa.

-Mi dispiace signora, le giraffe…. Le giraffe sono finite.

- Mmm… Allora vediamo…. Che tipo di elefanti avete?..

- Signora, mi dispiace davvero ma in questo ristorante non cuciniamo elefanti, la cucina è troppo piccola.

-E allora comprate una cucina più grande, no? Come fate se un cliente vuole un elefante?

-Ma guardi, di solito nessuno ordina l'elefante…

- Perché la gente non capisce niente! L'elefante alla bolognese è buonissimo!

-Probabilmente signora ma mi dispiace non abbiamo elefanti.

- Va bene, allora guardi… vado via, vado in un altro ristorante, qui non avete niente, questo ristorante **fa schifo**! Lascio sicuramente una recensione negativa su internet, metto una sola stella, niente elefanti, niente balene, niente giraffe **ma come si fa**? **Ma stiamo scherzando**? Adesso vado via, devo fare la modella, non posso perdere tempo! Vado in un altro ristorante!

- Buona fortuna signora!

-Grazie!

Vocabolario *Vocabulary*

Ecco alcuni sostantivi, verbi ed espressioni che potresti non conoscere. Per memorizzarli, prova a formare alcune frasi con essi.
Here are some nouns, verbs and expressions you might not know, try to form some sentences with them in order to memorize them.

Balena = *Whale*
Merluzzo = *Cod*
Magrolino = *Skinny*
Recensione = *Review, feedback*
Contorno = *Side dish*

Scherzare = *To joke*
Lasciare = *To leave*
Desiderare = *To wish*

Vanno di moda (andare di moda*)* = *They are on fashion*
Fare schifo = *To suck*
Ma come si fa? = *How is that possible*
Ma stiamo scherzando? = *Are you kidding?*

Riassumi il testo oralmente
Summarise the text orally

Di seguito alcuni punti chiave che puoi seguire.
Here are some key points you can follow.

- Una signora vuole solo animali grandi.
-Perché volere fare la modella over size.
-Chiede diversi animali.
- Non ci sono nel menù.
- Va in un altro ristorante.

Il signor Preferisco
Mister I prefer

Evaristo Preferisco è un cliente molto esigente, lo sa bene il barista sotto casa sua, il signor Mansueto Pazienza.

Evaristo, come molti italiani, ogni mattina fa colazione al bar, prende sempre un caffè e un cornetto, ogni volta però prende un caffè diverso: il lunedì di solito prende un caffè corretto, il martedì prende un caffè ristretto, il mercoledì lo prende di solito macchiato caldo mentre il giovedì macchiato freddo, il venerdì lo prende invece decaffeinato.

Il sabato infine, siccome ha più tempo, prende sempre tante cose, un caffè lungo, un cappuccino, un caffè d'orzo, un caffelatte e a volte perfino un Campari.

La domenica invece il bar è chiuso ed Evaristo, siccome è molto pigro, non prende niente perché non ha voglia di fare il caffè da solo.

Oggi è lunedì e dunque Evaristo, come sempre scende al bar, proprio sotto casa sua, comodissimo.

-Buongiorno Mansueto! Come va la vita? Che si dice oggi? Tutto a posto?

-Buongiorno Signor Preferisco! Tutto alla grande! Non ci lamentiamo! Tutto va per il verso giusto! Gradisce qualcosa? Cosa preferisce?

-Oggi è lunedì, oggi preferisco un caffè corretto, come sempre, come ogni lunedì.

-Benissimo Signor Preferisco, lo preparo subito! Lo preferisce corretto con la grappa o con la Sambuca?

-Oggi lo preferisco con la Sambuca e con la mosca!

-Perfetto, Sambuca e mosca, pronti!

-Ah! Davvero buonissimo, Mansueto! Proprio buono! Un altro!

-Un altro caffè corretto con la Sambuca e con la mosca?

-No, stavolta lo preferisco con la grappa, grazie.

-Voilà! Ecco il corretto con grappa!

-Ah! Buonissimo, Mansueto! Davvero fantastico. Un altro!

-Sempre con la grappa?

-No! Stavolta lo preferisco col rum! Con il Bacardi, grazie!

-Ecco a Lei, Signor Preferisco!

-Ah! Davvero delizioso, Mansueto! Un altro! Un corretto con whisky!

-Lo preferisce con whisky invecchiato?

-Sì, perché no!

-Eccolo dunque! Corretto con l'invecchiato!

-Ah! Davvero buono questo corretto, questo è il più buono di tutti, Mansueto!

-Grazie signor Preferisco, molto gentile... Signor Preferisco, sono le otto e trenta, non fa tardi per andare al lavoro?

-Mansueto, sa... stamattina mi sento un po' stanco, credo che vado a casa e torno a letto, niente lavoro oggi!

-Ottima idea signor Preferisco! Quando si sveglia, scenda giù, le offro un caffè!

110

-Va bene, faccio un pisolino allora e poi scendo
a prendere un caffè!
-A dopo, signor Preferisco!
-A dopo, Mansueto!

Vocabolario *Vocabulary*

Ecco alcuni sostantivi, verbi ed espressioni che potresti non conoscere. Per memorizzarli, prova a formare alcune frasi con essi.
Here are some nouns, verbs and expressions you might not know, try to form some sentences with them in order to memorize them.

Esigente = *Demanding*
Siccome = *Since*
Mentre = *While*
Infine = *In the end*
Invece = *Instead*
Pigro = *Lazy*
Comodissimo = *Very comfortable*
Stavolta = *This time*
Invecchiato = *Became old*
Stamattina = *This morning*
Delizioso = *Delicious*
Cornetto = *Croissant*
Pisolino = *Nap*
Dunque = *Then*

Preferire = *To prefer*
Fare colazione = *To have breakfast*
Non ha voglia (non avere voglia) = *He doens't feel like.*
Invecchiare = *To become old*
Fare tardi = *To be late,*
Svegliarsi = *Wake up*

Ogni volta = *Each time*

Da solo = *On his own*
Eccolo = *Here it is*

Riassumi il testo oralmente
Summarise the text orally

Di seguito alcuni punti chiave che puoi seguire.
Here are some key points you can follow.

-Evaristo fa sempre colazione al bar
-Ogni giorno prende un caffè diverso
-Oggi è lunedì e lui preferisce un caffè corretto
-Prende altri caffè corretti
-Dopo tanti caffè corretti, decide di tornare a casa per fare un pisolino

Aperitivo o apericena?

-Ciao Claudia!

-Ciao Lorenzo!

-Che fai, vieni con noi più tardi? **Verso le** sette prendiamo un aperitivo in centro, al bar di Flavia!

-Sì dai, perché no?! Ma è un aperitivo o un apericena?

-Non ho idea, perché?

-Ma così, perché non voglio mangiare tanto prima di cena, se è solo un aperitivo va bene ma adesso sai, vanno molto di moda anche questi apericena e praticamente poi mangi due volte, una all'aperitivo e una a cena!

-Sì, in effetti hai ragione… Ma comunque di solito da Flavia per l'aperitivo non si mangia tantissimo…

-Tipo?

-Mah, di solito solo pizze e pizzette varie, formaggi assortiti, un po' di pasta fredda, pop-corn, stuzzichini e tramezzini vari, frittate e frittatine, a volte qualche tapas, involtini di carne, zucchine fritte, melanzane grigliate, spiedini di gamberetti e calamari, pesce fritto assortito, olive con mozzarelle e pomodorini, crostini di vario tipo, tartine con caviale o altre salse varie, olive ascolane, anelli di cipolla fritti, insalata di riso, patatine fritte, bastoncini di mozzarella fritti…. Ah! E ovviamente il tagliere di affettati misti, quello c'è sempre proprio, con prosciutto crudo, prosciutto cotto, capocollo, coppa, salame piccante o di altri vari tipi, porchetta ecc. Qualcosa di leggero insomma, per non esagerare prima di cena, sennò poi ti riempi lo stomaco e ti rovini la cena.

-Sono d'accordo Lori, allora va bene, dai, comunque mi sembra un aperitivo più che un apericena.

-Mah sì, mettiamola così.

-E da bere di solito cosa prendete?

-Mah **da bere** un po' quello che vuoi, dai… Un Prosecco, un Campari, un Aperol, un Negroni, un gin lemon, un vino bianco, una birretta, qualcosa di leggero insomma, per non esagerare, prima di cena.

-Ho capito, dai allora vengo, sto un'oretta, **giusto il tempo** dell'aperitivo dunque, perché poi ho una cena, vado con Francesca al ristorante di Giulia, sai quello nuovo, quello vicino al Duomo?

-Ah, sì lo conosco! Dicono che si mangia benissimo, **quasi quasi** vengo anch'io con voi perché di solito, dopo l'aperitivo da Claudia, ho sempre una fame!

Vocabolario *Vocabulary*

Ecco alcuni sostantivi, verbi ed espressioni che potresti non conoscere. Per memorizzarli, prova a formare alcune frasi con essi.
Here are some nouns, verbs and expressions you might not know, try to form some sentences with them in order to memorize them.

Apericena = *A bigger aperitivo*
Leggero = *Light*
Comunque = *However*
Oretta = *Just an hour*
Birretta = *Just a beer*

Riempire = *To fill*
Rovinare = *To ruin, to spoil*
Esagerare = *To exaggerate*
Sai = *You know*

Sì dai = *Yes come on*
Verso le = *At about*
Da bere = *For drink*
Mettiamola così = *Let's say so*
Quasi quasi = *Maybe*[6]
Avere una fame = *To be hungry*
Allora va bene dai = *Then it's fine, come on*
Giusto il tempo = *Just the time*

---

[6] Ricorda che "quasi" significa "almost" ma "quasi quasi" significa "maybe".
Mind that "quasi" is almost but "quasi quasi" is maybe.

Riassumi il testo
Summarise the text orally

Di seguito alcuni punti chiave che puoi seguire.
Here are some key points you can follow.

-Lorenzo invita Claudia a prendere un aperitivo.
-Claudia non sa se andare perché pensa che invece che un aperitivo è un apericena.
-Lorenzo dice che da Flavia non si mangia tantissimo…
-Lorenzo fa l'elenco di quello che si mangia.
-Claudia decide di andare.
-Dopo l'aperitivo vanno al ristorante di Giulia.

ARTE
ART

La Direttrice pittrice
The painter director

-Ciao Giacomo!
-Ciao Cecilia!
-Come stai?
-Sto bene grazie e tu come stai?
-Anch'io bene! Questa è Giorgia, la mia nuova Direttrice!
-Buongiorno Direttrice! Piacere!
-Piacere mio! Allora ragazzi, che fate oggi di bello?
-Ma, niente di che… lavoriamo fino alle cinque oggi, poi magari andiamo a fare un giro in centro. Forse viene anche Giulia!
-Ah! Che bello! Da tanto che non ci vediamo con Giulia!
-Sì, anche noi è da tanto che non la vediamo, Giulia è sempre molto impegnata infatti…
lavora come pittrice e dipinge tutto il giorno!
-Ah che brava! Anch'io dipingo qualche volta, sapete?
-Davvero?
-Sì! Dipingo da tanto tempo, ho molti quadri a casa, quando ho qualche giorno libero di solito dipingo sempre. Ogni tanto faccio anche delle mostre, ma solo a casa mia però, **per pochi intimi**.
-Ma che bello! E che fortunati questi suoi amici!

Ma… se possiamo chiedere Direttrice, perché solo per pochi?

-Semplice! Perché sennò poi la gente mi ruba le idee! Gli amici invece, quelli veri, non mi rubano niente, loro mi vogliono bene.

-Ah ecco, non fa una piega, certo… Molto logico direi… Ma a proposito, in quale stile dipinge Direttrice?

-Stile invisibile.

-Cioè?!...

-Cioè dipingo col pensiero, così risparmio anche sul colore e sui pennelli, non devo spendere niente.

-Ma, cioè i suoi quadri sono…

-Sono vuoti! Totalmente vuoti. Tele interamente bianche.

-E che razza di arte è questa, mi scusi?

-Vedete ragazze, nell'arte ognuno può vedere il suo significato, soprattutto nell'arte astratta… Siete voi che dovete trovare il vostro significato personale. Sono convinta che oggi come oggi, lo spettatore deve essere più artista dell'artista stesso.

-Mmm… Troppo filosofico per noi… La sua arte Direttrice è troppo astratta…

-No, no… L'arte non ha limiti e la fantasia stessa è infinita.

-Se lo dice lei Direttrice…

Vocabolario *Vocabulary*

Ecco alcuni sostantivi, verbi ed espressioni che potresti non conoscere. Per memorizzarli, prova a formare alcune frasi con essi.
Here are some nouns, verbs and expressions you might not know, try to form some sentences with them in order to memorize them.

Pennello = *Paintbrush*
Vuoto = *Empty*
Tela = *Canvas*

Rubare = *To steal*
Risparmiare = *To save*

Per pochi intimi = *For a few close friends*

Riassumi il testo oralmente
Summarise the text orally

Di seguito alcuni punti chiave che puoi seguire.
Here are some key points you can follow.

-Giacomo e Cecilia incontrano la Direttrice.
-Parlano di Giulia.
-La Direttrice dice che anche lei dipinge ma in uno strano stile.
-Inoltre fa mostre ma solo per pochi intimi.
-Le ragazze non sono molto convinte dalle idee della Direttrice sull'arte invisibile.

Il poeta
The poet

Giacomino Colcuoreinfranto, da grande vuole fare il poeta.
Giacomino ha solo sedici anni ma ha già le idee chiare.
A scuola durante la ricreazione, parla col suo compagno Giuseppone Armadi.

-Ciao Giù, come va?
-Ciao Già, **tutto a posto**, **vecchio**. Allora, **che si dice**? **Che novità**?
-Con la prof **sti** giorni leggiamo Dante: va in paradiso, in purgatorio, all'inferno, **che figata**!
-Davvero?
-**Minchia**! **Non ti rendi conto**! Giù, io **da grande** voglio fare il poeta, anzi voglio fare proprio il poeta che va all'inferno.
-Ma guadagnano sti poeti? Quanti followers **c'hanno**?
-Ma **che ne so**! **Boh**, bisogna informarsi ma a me sembrano **tipi fighi**. Io voglio assolutamente fare il poeta.
-E va bene dai, meglio poeta che disoccupato, così **a occhio e croce**.
-Ma sì, molto meglio! E poi alle ragazze piacciono i poeti! Se divento un poeta poi **chissà quante mi girano intorno**…

-Ma sei sicuro? Ma loro guardano i calciatori, altro che i poeti!

-No, no, **è questione di mode**… Adesso vanno di moda i calciatori ma poi **le mode vanno e vengono**, bisogna **anticipare i tempi** fratello, di calciatori già siamo pieni ma di poeti? Conosci forse un poeta tu? Tua madre lo conosce? Tuo padre? Tua sorella? Tua nonna? No, nessuno! Quindi immagina, magari tra un anno vanno di moda i poeti e **ci sono solo io**, non ho competitors, capisci Giù?

-Ma non lo so **compare**, io vado in palestra tutti i giorni e la sera **gioco alla play** ma **che ne so** io dei poeti, **è la prima volta che li sento!**

-Giuseppone amico, diventiamo due poeti, diventiamo la nuova coppia di poeti contemporanei, secondo me è **una figata!** Secondo me ci chiamano anche al Grande Fratello, a X Factor, all'Isola dei famosi, al..[7]

-Ma dove vuoi andare tu che vai ancora a scuola! Ma lascia perdere e pensa a domani che abbiamo la verifica di scienze!

-Mamma mia Giusè! Quanto sei concreto! Quanto sei pesante!

-Mamma mia Giacomì, quanto sei astratto, quanto sei leggero, se non stai attento voli via, poi chi ti ritrova nel paradiso dei poeti?!

-Ahahhah..

-Dai che la ricreazione è finta, torniamo in classe.

---

[7] These are all Italian famous reality shows.

Vocabolario *Vocabulary*

Ecco alcuni sostantivi, verbi ed espressioni che potresti non conoscere. Per memorizzarli, prova a formare alcune frasi con essi.
Here are some nouns, verbs and expressions you might not know, try to form some sentences with them in order to memorize them.

Durante = *During*
Compagno = *Mate*
Minchia! = *Oh yes!*[8]
Boh! = *I don't know (very common colloquial expression).*
Assolutamente = *Absolutely*
Anzi = *Or rather*
Disoccupato = *Unemployed*
Compare = Mate *(colloquial expression)*
Verifica = *Exam, control*
Concreto = *Concrete*
Ricreazione = *Break*
Contemporaneo = *Contemporary*

Giocare alla play = *Play with the play station*
C'hanno = *They have (the spoken version of "hanno", loro hanno, colloquial expression).*
Capisci? = *Do you understand?*[9]

---

[8] A little bit vulgar, colloquial expression, one of the many synonymous of "penis".

Ci chiamano = *They call us, "ci" means "us"*

Da grande = *When he grows up*
Tutto a posto = *All ok*
Che figata! = *How cool!*
Non ti rendi conto = *You can't believe it*
Sti = Questi, these, *colloquial expression*
Volare via = *To fly away*
Vecchio = *"Old", but in this case "bro",* (*colloquial expression*).
Che si dice? = *What's up?*
Che novità? = *What's new?*
Sti giorni = *These days (colloquial expression).*
Ma che ne so! = *Wow do I know! (colloquial expression).*
Tipi fighi = *Cool guys, (colloquial expression).*
A occhio e croce = *It seems to me, more or less*
Questione di mode = *A matter of fashion*
Chissà quante mi girano intorno = *Who knows how many would be around me*
Le mode vanno e vegono = *Fashion come and go*
Anticipare i tempi = *Anticipate the times*
Tra un anno = *In a year*
Ci sono solo io = *It's only me*
Gioco alla Play = *I paly with the Play Station*
E' la prima volta che li sento = *It's the first time I hear about them*
Lascia perdere = *Don't even think about it*
Chi ti ritrova = *Who will find you*

---

[9] Verbo capire, "verbi in –isc". See the Story *Il Signor Preferisco* where this topic is covered.

Riassumi il testo
Summarise the text orally

Di seguito alcuni punti chiave che puoi seguire.
Here are some key points you can follow.

-Giacomino, durante la ricreazione, a scuola, parla con Giuseppone, un suo amico
-Con la Prof di italiano studia Dante e dice che è una figata e che anche lui da grande vuole fare il poeta.
-Giuseppone non sa niente al riguardo.
-Giacomino dice che i poeti hanno perfino successo con le donne.
-Giacomino è convinto che può essere una moda del futuro e che grazie alla poesia lui può diventare famoso e partecipare a reality shows.
-Giuseppone non è molto convinto, è più concreto di Giacomino che invece è un sognatore.

L'artista
The artist

La mia amica Filippa, per gli amici Filippetta perché è piccolina, vuole fare la pittrice, questo è il suo obiettivo.

-Filippetta, ma **la vita da artisti** è difficile, sono pochi quelli che hanno successo, sono pochi quelli che sfondano! E se non sfondi come fai? Hai un piano b?

-Ma scherzi Antonio?! Io sfondo sicuro! Sono un'artista seria io, sono brava, sono originale, sono creativa, sono strana, ho mille tatuaggi, duemila piercing, ho i capelli viola, gialli e azzurri, come posso non sfondare?

-Ma **non basta**! Sai disegnare almeno? Sai pitturare?

-No! Ma **al giorno d'oggi** non è necessario! Oggi va di moda l'arte astratta! Prendo un secchio di vernice e lo svuoto sopra una tela, poi prendo un altro secchio con dentro la vernice di un altro colore e svuoto anche quello nella tela, poi un altro e un altro ancora, è semplice Antonio! E poi io ho sette tatuaggi in faccia, dieci piercing sul collo, venti sul naso e altri dieci sotto le ascelle ma ti rendi conto?

- Ma come li vendi questi quadri con la vernice? Chi te li compra?

-Ah! **Se è per quello** caro mio, il mondo è pieno di gallerie d'arte! Credimi, l'arte non è

127

mai fuori moda, se vuoi investire un po' di soldi, investili in arte, in quadri: i miei per esempio.

-Tu dici?...

-Certo! Adesso poi è il momento migliore perché ancora non sono famosa! Poi li rivendi tra un anno e diventi ricco!

Adesso un mio quadro costa pochissimo, per te un prezzo speciale, ventimila euro diciamo, ma solo per te, non devi dirlo a nessuno, ok? E' **un vero affare**!

-Cioè io devo comprare una tela dove tu svuoti quattro secchi di vernice a caso per ventimila euro?

-Certo! Ma non guardare i ventimila euro adesso! Devi avere una mentalità imprenditoriale! Non paghi questi soldi, investi questi soldi, è diverso! E' molto diverso! **Sveglia!**

Adesso paghi venti ma tra un anno hai in tasca ottanta, per dire!

-Perché tra un anno un tuo quadro vale già?...

-Esatto! Vale già centomila euro, è il business, mio caro! **Funziona così il mondo! Bisogna essere furbi**! Sveglia! Il mondo è dei furbi oggi! Comprare dieci miei quadri oggi è un investimento sul futuro, altro che le criptovalute e tutte queste scemate! Arte, arte e solo arte! Sveglia! Il mondo è dei creativi! Il mondo è un'opera d'arte!

Vocabolario *Vocabulary*

Ecco alcuni sostantivi, verbi ed espressioni che potresti non conoscere. Per memorizzarli, prova a formare alcune frasi con essi.

Here are some nouns, verbs and expressions you might not know, try to form some sentences with them in order to memorize them.

Obiettivo = *Target, goal*
Successo = *Success*
Sfondare = *To reach success*
Piano b = *Plan b*
Tatuaggio = *Tattoo*
Astratto = *Abstract*
Secchio di vernice = *Paint bucket*
Tela = *Canvas*
Prezzo speciale = *Special price*
Quadro = *Painting*
Mentalità imprenditoriale = *Business mentality*
Tasca = *Pocket*
Scemata = *Stupid thing*

Pitturare = *To paint*
Svuotare = *To empty*
Credimi = *Believe me (imperative of "credere")*.
Investire = *To invest*
Dirlo = *Say that*

La vita da artisti = *Artists life*
Non basta = *It's not enough*
Al giorno d'oggi = *Nowadays*

Un vero affare = *A real bargain*
Al giorno d'oggi = *Now adays*
Ma ti rendi conto? = *Can you believe it?*
Se è per quello = *If it's about that*
Per dire = *So to say*
Essere fuori moda = *To be out of fashion*
Bisogna essere furbi = *You need to be clever*
Funziona così il mondo = *This is how the world works*
Sveglia! = *Wake up!*

Riassumi il testo
Summarise the text orally

Di seguito alcuni punti chiave che puoi seguire.
Here are some key points you can follow.

-Filippetta vuole fare la pittrice
-Antonio dice che è difficile sfondare come artista
-Filippetta invece è sicura, è convinta di sfondare perché lei è originale e creativa e poi ha molti piercing e tatuaggi dappertutto.
-Anotnio dice che però è importante sapere disegnare, più che apparire originali.
-Filippetta dice che è semplice: basta svuotare secchi di vernice colorata in una tela ed ecco fatto.
-Antonio dice che è comunque difficile vedere quadri di questo tipo.
-Filippetta invece è convinta che il loro valore può addirittura aumentare con il tempo e parla di investimenti, non tanto di acquisti.
-Flippetta vuole addirittura vendere un suo quadro ad Antonio per ventimila euro, dice che tra un anno quel quadro può valere ottantamila.
-Filippetta è convinta che l'arte è un ottimo modo per fare business e dice che bisogna essere furbi, bisogna iniziare ad investire in arte.

Il musicista
The musician

Paolino da grande vuole fare il musicista ma il padre non è molto d'accordo, dice che per lui è meglio fare l'ingegnere, l'avvocato o il direttore di banca. Paolino però è molto determinato e non vuole cambiare i suoi piani anche se ha solo dodici anni.

-Allora Paolino, appena finisci la scuola devi andare subito all'Università, puoi scegliere tra Legge, Ingegneria e Economia: scegli pure dunque, massima libertà!

-Ma papà, io voglio fare il musicista!

-No Paolino, tu sei piccolo e non capisci come va il mondo, devi ascoltare tuo padre. I musicisti o finiscono a suonare per strada o se sei fortunato finisci in uno di quei programmi scemi in tv, **in ogni caso una brutta fine.**

-Ma non è vero papà! I musicisti guadagnano **un sacco di soldi,** viaggiano sempre, hanno tanti fan che li amano, sono sempre sulle copertine dei giornali, sono belli, ricchi e famosi, hanno tutto insomma!

-Paolino, sono pochissimi quelli che sfondano! E poi che importanza ha essere ricco e famoso se poi **in finale** sei un ignorante? Meglio studiare! **L'ignoranza è una brutta bestia!**

-Ma papà se divento ricco, poi non devo più lavorare, ho tempo libero, posso anche studiare quindi! Posso studiare quello che voglio! Per ora invece è meglio suonare, fare concerti, diventare famoso, fare interviste... è molto meglio papà, credimi!

-E sentiamo, quale strumento vorresti suonare, non sono tutti uguali sai, il pianoforte per esempio è difficile, devi studiare anni e anni, ci vuole molto tempo per diventare bravo!

-Certo che no il pianoforte! Lo so benissimo che è troppo difficile! E nemmeno la chitarra o il violino o la batteria, troppo difficili anche quelli, **ci vuole** troppo tempo!

-E allora cosa vuoi suonare?

-Il triangolo! E' facilissimo! E' lo strumento più facile **in assoluto**, in una settimana impari, è veramente semplicissimo! Impari subito, dopo pochi giorni sei già un vero triangolista, poi hai tutto il tempo libero per diventare famoso!

-Cioè?!

-Semplice! Ci vuole una settimana per imparare, quindi tutti i triangolisti studiano più o meno una settimana ma, ascolta, io sono più furbo e faccio così, questo è il mio piano: se io studio un mese invece che una settimana, divento sicuramente **il migliore al mondo**, quindi non ho concorrenti, quindi divento famoso, quindi divento ricco, quindi faccio concerti, viaggio, mi diverto e poi ho anche tanto tempo libero per studiare. Magari poi comincio anche l'Università... Ovviamente Ingegneria, Economia o Legge.

-Incredibile Paolino, sei davvero un genio!

-Grazie papà!

Vocabolario *Vocabulary*

Ecco alcuni sostantivi, verbi ed espressioni che potresti non conoscere. Per memorizzarli, prova a formare alcune frasi con essi.
Here are some nouns, verbs and expressions you might not know, try to form some sentences with them in order to memorize them.

Ingegnere = *Engineer*
Avvocato = *Lawyer*
Determinato = *Determined*
Appena = *As soon as*
Legge = *Law*
Scemo = *Stupid*
Copertine dei giornali = *Magazines first page*

In ogni caso una brutta fine = *A bad end in any case*
Un sacco di soldi = *A lot of money*
In finale = *In the end*
Ci vuole = *It takes*
In assoluto = *At all*
Dopo pochi giorni = *After a few days*
L'ignoranza è una brutta besta = *Ignorance is a very bad thing*
Il migliore al mondo = *The best in the world*

Riassumi il testo
Summarise the text orally

Di seguito alcuni punti chiave che puoi seguire.
Here are some key points you can follow.

Try to summarize the text orally. Here are some key points to follow:
-Paolino vuole fare il musicista ma suo padre ha altri piani per lui.
-Paolino dice che i musicisti fanno una bella vita ma il padre è convinto del contrario.
-Il padre dice che bisogna studiare, Paolino dice che se diventa ricco poi ha anche tempo libero per studiare.
-Palino dice che vuole suonare il triangolo perché è uno strumento facile da imparare.
-Ha anche uno suo piano per diventare il migliore al mondo.

TEMPO LIBERO
FRE TIME

Dal meccanico
To the mechanic

-Buongiorno signor meccanico!

-Buongiorno signor Svampitelli.

-La mia macchina non parte più, ha qualcosa che non va probabilmente.

-Non c'è problema signore, controlliamo subito.

-Perfetto.

-Signor Svampitelli vedo che la sua macchina ha un problema solo.... Ma è un problema facile da risolvere.

-Davvero? Oh, grazie al cielo! Ho davvero bisogno della mia macchina, senza la macchina faccio sempre tardi la mattina. E poi io odio l'autobus o la metro, a me piace solo andare in macchina, la mia macchina!

-Non c'è problema Svampitelli, Lei può andare al lavoro già domattina con la sua macchina.

-Davvero? Ma allora è veramente un problema facilissimo da risolvere! Ma che cos'è dunque?

-Vede Signor Svampitelli, la macchina senza benzina non parte... Ma non solo la sua macchina, tutte le macchine proprio! E' un problema comune, diciamo.

-Accidenti! Io davvero, di solito penso molto poco ai problemi comuni... Sa, sono un filosofo io e di solito penso solo ai **problemi più insoliti**, quelli più complicati insomma...

-Capisco… Da oggi però, signor Svampitelli, pensi anche ai problemi più semplici, almeno ogni tanto…

-Ha ragione signor meccanico, ha perfettamente ragione…

-Guardi, c'è proprio un benzinaio qui, **dietro l'angolo**, vicino alla farmacia, tra l'ufficio postale e i giardini pubblici.

-Ok signor meccanico, la ringrazio moltissimo, vado subito a fare benzina! Grazie mille e buona giornata!

-Grazie a Lei Svampitelli, buona giornata!

Vocabolario *Vocabulary*

Ecco alcuni sostantivi, verbi ed espressioni che potresti non conoscere. Per memorizzarli, prova a formare alcune frasi con essi.
Here are some nouns, verbs and expressions you might not know, try to form some sentences with them in order to memorize them.

Svampito = *Scatter-brained*
Domattina = *tomorrow morning*
Benzina = *Petrol*
Accidenti! = *Wow! Gosh!*
Benzinaio = Petrol station

Ha ragione (avere ragione) = *You are right (to be right)*
Dietro l'angolo = *Around the corner*
Buona giornata = *Have a nice day*
Problemi più insoliti = *Most unusual problems*

Riassumi il testo oralmente
Summarise the text orally

Di seguito alcuni punti chiave che puoi seguire.
Here are some key points you can follow.

-Svampitelli ha un problema con la sua macchina.
-Va dal meccanico.
-Il meccanico risolve facilmente il problema.

Che bello viaggiare
How nice is travelling

-Ciao Giada!

-Ciao Gaia!

-Che fai oggi?

-Niente di speciale e tu?

-Neanche io, guardo la tv o leggo un libro… Sono stanca, viaggio molto tutti i giorni…

-Davvero? Anche oggi?

-Sì certo! Anche oggi! Prima a Ferrara e poi a Parma. Ieri poi a Brescia e l'altro ieri a Genova.

-Mamma mia! Quanto viaggi! Vai in queste città per lavoro?

-Sì certo, viaggio sempre tanto per lavoro, la settimana prossima vado a Vicenza, poi a Lucca, a Gubbio e infine a Chieti, a Lecce e a Reggio Calabria.

-Incredibile! Tutta Italia! Da nord a sud!

-Esatto! Proprio tutta! E' un po' stancante a volte però mi piace!

-Sì è bellissimo, magari anch'io!

-Dai, la prossima volta vieni anche tu, accompagnami!

- Volentieri! Perché no?! Però sai, io sono un po' pigra, magari ti accompagno virtualmente!

-Cioè?

-Cioè tu viaggi, posti le foto sui social, io guardo le foto, commento e **metto i like!**

-Ma questo non è viaggiare, Gaia!

-Questo Giada… è diciamo… Viaggiare dal divano!

-Ahahha! Ok allora, prepara le valigie! Pigiama, camomilla e computer!

-Esatto! Non vedo l'ora di partire!

-Bene, ci vediamo presto allora, ciao Giada!

-Ci vediamo prestissimo! Ciao Gaia, buona giornata!

Vocabolario *Vocabulary*

Ecco alcuni sostantivi, verbi ed espressioni che potresti non conoscere. Per memorizzarli, prova a formare alcune frasi con essi.
Here are some nouns, verbs and expressions you might not know, try to form some sentences with them in order to memorize them.

Magari = *I wish*
Volentieri = *With pleasure*
Virtualmente = *Over the Internet*

Accompagnami (Imperativo, accompagnare = *Accompany me (Imperative, to accompany)*

Mettere i like = *To put a like*

Riassumi il testo oralmente
Summarise the text orally

Di seguito alcuni punti chiave che puoi seguire.
Here are some key points you can follow.

-Giada e Gaia parlano di viaggi.
-Giada è molto stanca perché viaggia molto per tutte le regioni italiane.
-Gaia vuole andare con lei e Giada la invita.
-Gaia accetta l'invito ma a modo suo, diciamo.

Finalmente Natale!

E finalmente anche a casa Ricccioluti è tempo di feste natalizie.

Abbiamo Pietrino, un bambino di sei anni, sua sorella Lorella di cinque e i loro genitori, il signor Guglielmo e la signora Corinna. Inoltre abbiamo lui, un simpatico bassotto di nome Cassiopeo.

Per uno strano **scherzo del destino**, a casa Riccioluti hanno tutti i capelli ricci, tranne la nonna Ofelia che, per un altrettanto strano scherzo del destino, è completamente calva.

Cassiopeo, quando la vede, abbaia sempre e poi scappa, si nasconde o sotto il letto o dentro l'armadio, può rimanere lì per ore e ore.

In ogni modo, **veniamo a noi**. E' il diciannove dicembre e tra poco è Natale, tutti lo aspettano ma soprattutto i bambini che **non vedono l'ora** di ricevere i regali.

Arriva finalmente il grande giorno, la vigilia, la magica notte di Natale.

Verso le dieci, inaspettatamente, qualcuno suona alla porta: driiiin!

-Vado io Corinna, vado io!

Chi è?

-Sono Babbo Natale!

-Ah! Che sorpresa! Entri signor Natale, prego, **si accomodi**! Gradisce un caffè, un amaro, un liquore?

-Grazie signor Ricciolini, un amaro lo gradisco, grazie mille.

-Riccioluti... signor Natale, Riccioluti.

-Ricciolini, Riccioluti, **che differenza fa**, sempre ricci sono i suoi capelli! **Passiamo al dunque** piuttosto.

Le porto i regali per i suoi figli. Per Pietrino una nave spaziale, finta ovviamente, è parcheggiata qui fuori, davanti al palazzo, per Lorella invece una bambola del futuro: parla, pensa, prova emozioni, praticamente una persona.

-Ma signor Natale, sono dei regali veramente grandiosi... Non ho parole, **come posso sdebitarmi**?

-Sa, signor Riccioletti, **il progresso avanza**, la tecnologia migliora e anche i miei regali, sono sempre più **all'avanguardia**.

In ogni modo signor Riccioletti, sono quattromilacinquecentocinquattotto euro, guardi le lascio i dati del mio conto, se per lei è più comodo può fare un bonifico.

-Mah... Signor Babbo Natale ma... **Da quando in qua** si pagano i regali?

-Da quest'anno! Sa, dopo la pandemia c'è una crisi economica incredibile e il governo ha una nuova legge finanziaria e...

-Il governo?!

-E sì, sa signor Riccioletti, i politici alla fine solo i soldi vogliono, purtroppo... O tagliano sulla salute, o tagliano sull'istruzione... da qualche parte devono tagliare... quest'anno dunque tagliano sul Natale.

Mi dispiace Riccioletti... in ogni modo **c'è di peggio nella vita**, mi creda...

Guardi, le regalo una simpatica penna-calendario! Adesso poi le penne-calendario vanno molto di moda, ce l'hanno tutti. Lei non ce l'ha? Ma dove va senza la penna calendario?! **Si aggiorni** Riccioluti, si aggiorni!

Arrivederci quindi, scappo che ho la slitta con le renne fuori posto, se non mi sbrigo mi fanno la multa, buon Natale Riccioluti, saluti alla signora! Arrivederci!

Vocabolario *Vocabulary*

Ecco alcuni sostantivi, verbi ed espressioni che potresti non conoscere. Per memorizzarli, prova a formare alcune frasi con essi.
Here are some nouns, verbs and expressions you might not know, try to form some sentences with them in order to memorize them.

Feste natalizie = *Christmass Holidays*
Calvo = *Bold*
Vigilia di Natale = *The night before Christmass*
Inaspettatamente = *Unexpectedly*
Gradisce (gradire) = *Would you like*
Piuttosto = *First, rather, instead*
Nave spaziale = *Space shuttle*
Bambola = *Doll*
Bonifico = *Bank transfer*
Legge finanziaria = *Finance act, budget*
Istruzione = *Education*
Multa = *Police Fine*
Slitta con le renne = *Sleigh with reindeer*

Tagliare = *To cut*
Si aggiorni (aggiornarsi) = *To keep updated*
Mi sbrigo (sbrigarsi) = *To hurry up*

Scherzo del destino = *A twist of fate*
Veniamo a noi = *We come to us*
Non vedono l'ora = *They can't wait*
Si accomodi = *Please have a seat, be my guest*
Che differenza fa = *What difference does it make*

Passiamo al dunque = *Let's go straight to the point*

Come posso sdebitarmi = *How can I repay?*

Il pro<u>gre</u>sso avanza = *The progress is moving forward*

All'avanguardia = *Cutting-edge*

Da quando in qua = *Since when*

C'è di peggio nella vita = *There are worse things in life*

Fuori posto = *Out of place*

Buon Natale = *Merry Christmass*

Riassumi il testo oralmente
Summarise the text orally

Di seguito alcuni punti chiave che puoi seguire.
Here are some key points you can follow.

-Finalmnete è Natale a casa Riccioluti

-Arriva Babbo Natale e porta due regali grandiosi

-Babbo Natale chiede il conto perché il governo fa pagare i regali di Natale.

-Guglielmo non è molto contento di questa situazione ma Babbo Natale prova a risolvere il problema con la penna-calendario

Vacanze al mare
Holidays at the sea

Giorgino e Lauretta, due novelli sposi milanesi vogliono andare in vacanza al mare, in Sicilia, preparano dunque le valigie.

-Giorgino, tesoro, prendi il materassino gonfiabile! **A proposito,** prendilo già gonfio, così non perdiamo tempo a gonfiarlo, appena arriviamo in spiaggia è pronto! Comodissimo!

-Ma amore, dove lo mettiamo in macchina il materassino già gonfio?

-Dai, un modo lo troviamo, intanto portalo giù!

-Ok... **Se lo dici tu**...

-Ah! Giorgino caro, **mi raccomando,** prendi anche l'ombrellone, sennò in spiaggia sentiamo troppo caldo!

-Ma amore in qualsiasi spiaggia della Sicilia ci sono già gli ombrelloni, perché mai dobbiamo portarlo noi da Milano?

-Non si sa mai, **non si sa mai.. Meglio essere previdenti!** Meglio avere tutto prima, meglio **avere la coscienza a posto!** Poi se troviamo gli ombrelloni anche lì, **tanto meglio!**

-Va bene, va bene.... Ma **secondo me** l'ombrellone in macchina **non c'entra**... e poi c'è già il materassino! Semmai sgonfiamo il materassino allora.

-No! Ma scherzi?! Lascia il materassino gonfio, **è una noia** gonfiarlo dopo! Meglio avere già tutto pronto! Meglio essere previdenti!

148

-Ok, ok.. Come vuoi tu amore…

-Giorgino, caro, prendi anche il lettino per prendere il sole! Però non c'entra in ascensore, bisogna portarlo giù a piedi… Lo porti tu?

-Ma certo che non c'entra in ascensore! E non c'entra neanche in macchina ovviamente! Ma dove la metti tutta questa roba? E' tutta roba che possiamo tranquillamente trovare in Sicilia, perché mai dobbiamo portarla da Milano?

-Non si sa mai Giorgino, non si sa mai… Meglio essere previdenti.

-Ok amore, ok…

Dopo un'ora…

-Lauretta amore, la macchina è piena, ci sono le valigie, c'è il lettino, c'è il materassino, c'è l'ombrellone, c'è tutto proprio. Il problema è che non c'entra più niente…

-Non c'è problema Giorgino, non ho altro da prendere, abbiamo tutto!

-Amore, non c'entra più niente e non c'entra neanche più nessuno, né io né te! Come entriamo in macchina?

-Va bene allora andiamo col treno io e te, **che problema c'è**?

-E la macchina?!

-La macchina la carichiamo in treno con noi, la spediamo!

-La spediamo?!

-Ma sì certo! Le macchine si possono spedire! Tutto si può spedire, le Poste servono a questo! Ma dove vivi Giorgino, sulla luna? **Dai forza**, andiamo!

-Ok amore, ok…

149

Vocabolario *Vocabulary*

Ecco alcuni sostantivi, verbi ed espressioni che potresti non conoscere. Per memorizzarli, prova a formare alcune frasi con essi.
Here are some nouns, verbs and expressions you might not know, try to form some sentences with them in order to memorize them.

Novelli sposi = *Newlyweds*
Milanesi = *People from Milan*
Un modo = *A way*
Intanto = *In the meantime*
Giù = *Down*
Tesoro = *Sweety*
Materassino gonfiabile = *Inflatable mattress*
Gonfio = *Inflated*
Appena = *As soon as*
Ombrellone = *Beach umbrella*
Sennò = *Otherwise*
Qualsiasi = *Any*
Previdente = *Provident*
Lettino per prendere il sole = *Beach sun bed*
Ascensore = *Lift*
Roba = *Stuff*

Gonfiare = *To blow up*
Sgonfiare = *Deflate*
Portare giù = *To bring down*
Caricare = *To upload*
Spedire = *To send*
Lascia = *Leave, imperative*

A proposito = *By the way*
Se lo dicit u = *If you say so*
Non si sa mai = *You never know*
Mi raccomando = *Please*
Sentire caldo = *To be hot*
Meglio avere la coscienza a posto = *Better to have clear conscience*
Tanto meglio = *Even better*
Secondo me = *According to me*
Non c'entra = *It doesn't fi*
E' una noia = *It's annoying*
Nè né = *Neither nor*
A piedi = *On foot*
Che problema c'è? = *Where's the problem?*
Le Poste servono a questo = *Post Offices are meant for that*
Ma dove vivi sulla luna? = *Where you been living, the moon?*
Dai forza, Andiamo! = *Come on, let's go!*

Riassumi il testo
Summarise the text orally

Di seguito alcuni punti chiave che puoi seguire.
Here are some key points you can follow.

-Giorgino e Lauretta preparano le valigie per il mare.
-Lauretta vuole portare tutte cose grandi come il materassino, l'ombrellone, il lettino.
-Giorgino carica tutto in macchina ma poi non c'entra più niente nemmeno loro due.
-Lauretta allora propone di andare in treno e spedire la macchina con il treno.

Basta parolacce!
Stop bad words!

-Robertino basta parolacce! Dici sempre le parolacce! **Non sta bene**!

-Eh, cazzo! Cioè, scusa!

-Ma Robertino! Basta! Ma **non riesci proprio** a parlare senza dire le parolacce?

-Scusa mamma, hai ragione… E' che ogni volta mi scordo, cazzo…

-Ma basta!!

-Ah! Scusa! Scusa mamma, scusa! Davvero **non lo faccio apposta**!

-Ma stai più attento no? Pensa prima di parlare!

-Ma a volte nemmeno mi accorgo, **mi viene spontaneo**, capisci? Cioè sono così abituato che non è facile, cioè.. cazzo, ah! Scusa!

-Ma ancora?!

-Ah! Scusa! Scusa mamma , scusa.. Ma lo vedi, **non è colpa mia**!

-E **di chi è colpa** allora?

-Ma non lo so, della nostra società? La società ha sempre **tutte le colpe del mondo**! Bisogna abbattere la società! Bisogna abbattere il sistema! Bisogna protestare, manifestare, urlare!

-Ma cosa vuoi abbattere tu, pensa a studiare piuttosto!

-A proposito, martedì abbiamo la manifestazione, non andiamo a scuola!

Protestiamo contro qualcosa che dicono alla tv, adesso cazzo non mi ricordo cosa…

-Che cosa?! Cioè, tu martedì non vai a scuola perché devi protestare contro qualcosa e non sai nemmeno cosa?! Ma sei impazzito!

-Sì, sì, anche Flaviano, anche Errichetto, tutti proprio protestano, **è per qualcosa di importante**, lo dicono alla tv, adesso non so bene, bisogna chiedere a Errichetto, comunque qualcosa di importante, qualcosa di giusto, è per un mondo migliore mamma.

-Ma cosa cazzo dici?!

-Mamma! Ma che fai, dici le parolacce?!

-Ah! Scusa!

-Ahahah! Dai mamma, **rilassati**, è tutto ok!

Vocabolario *Vocabulary*

Ecco alcuni sostantivi, verbi ed espressioni che potresti non conoscere. Per memorizzarli, prova a formare alcune frasi con essi.
Here are some nouns, verbs and expressions you might not know, try to form some sentences with them in order to memorize them.

Cazzo = *See the cultural-linguistic deepening for the translation of this word*
Piuttosto = *Invece*
Società = *Society*

Rilassati (imperativo) = *Relax*
Abbattere il sistema = *Destroy the system*
Bisogna = *It needs*
Protestare, manifestare, urlare = *To protest, demonstrate, shout.*

Basta parolacce = *Stop bad words.*
Non sta bene = *It's not nice.*
Non riesci proprio = *Can't you manage to.*
E' che ogni volta mi scordo = *The thing is, every time I forget.*
Davvero non lo faccio apposta! (fare qualcosa apposta) = *Really, -I'm not doing it on purpose*
Stai più attento = *Be more careful*
Ma a volte nemmeno mi accorgo, mi viene spontaneo, capisci? = *But at times, I don't even realize, it comes by itself, you understand?*
Sono così abituato = *I'm so used to it*
Non è colpa mia = *It's not my fault*

Di chi è colpa? = *Whos' fault is it?*
Tutte le colpe del mondo = *All the blames in the world*
Ma cosa cazzo dici?! = *What the hell are you talking about?!*

Riassumi il testo
Summarise the text orally

Di seguito alcuni punti chiave che puoi seguire.
Here are some key points you can follow.

-Robertino dice le parolacce.
-La mamma si arrabbia.
-Robertino dice che non lo fa apposta.
-Robertino dice che è colpa della società.
-Robertino martedì non vuole andare a scuola perché vuole partecipare a una manifestazione contro qualcosa, lui non sa cosa.
-La mamma allora si arrabbia e dice anche lei le parolacce.

L'amore
Love

-Giulietto caro mi ami? Mi ami tanto? Quanto mi ami?

-Tanto amore mio, ti amo tantissimo, tanto tanto, tanto!

-Che fortunata sono! Anch'io ti amo tanto però, quindi anche tu sei fortunato!

-Certo amore, sono fortunatissimo, sono super fortunato!

-Amore caro, mi compri un nuovo anello? Sono ingrassata infatti e l'anello vecchio non mi entra più…

-Ma Carlotta amore, allora fai la dieta no? Così se dimagrisci l'anello vecchio entra senza problemi! E poi se dimagrisci sei anche più bella! Quindi meglio fare così!

-Come?! Perché ora sono brutta forse??

-No, amore! Certo, sei bellissima anche ora ma che dici?...

-E allora non faccio nessuna dieta, devi amarmi per come sono! La bellezza più importante è quella interiore!

-Certo amore, sicuro… però sei ingrassata venti chili quindi a volte anche la bellezza esteriore, come dire…

-Non dire sciocchezze! La bellezza esteriore non conta niente! Conta l'anima, contano i sentimenti, contano tante altre cose, la superficie è l'ultima cosa che conta e poi lo dice

157

anche la scienza, la psicologia, la medicina, tutti proprio.

E poi scusa, se io ti chiedo un regalo? Se io ti chiedo un anello? Non vuoi farmi un regalo??

-Ma certo tesoro, certo, posso comparti un anello, anche due, anche tre però mi sembra più razionale la mia soluzione del problema, come dire…

-Ma non è un problema! Non c'è nessun problema! Dove vedi un problema, scusa? Dove? Io non vedo nessun problema! Io vedo solo un anello che non entra più, tutto qui!

-Amore, va bene compriamo questo anello, domani andiamo in gioielleria, ok?

-Ti amo tanto amore mio, ti amo tanto tanto tanto! Amore, a proposito, siccome sono un po' ingrassata come già sai, la pelliccia, quella vecchia, non mi sta più bene… Dobbiamo compare anche una pelliccia nuova… Poi tra poco arriva l'inverno, dobbiamo anche fare in fretta, domani o al massimo dopodomani. Dopo la gioielleria possiamo passare in pellicceria, tanto è proprio lì vicino, è comodissimo guarda, usciamo dalla gioielleria, facciamo cinque minuti a piedi e siamo già in pellicceria, più comodo di così si muore.

-Assolutamente comodissimo amore. Carlottina, amore, a proposito, non trovo più la mia carta di credito, va bene se usiamo la tua domani quando andiamo a fare questi giri? Tanto, come dici sempre tu, "quello che è mio è tuo e quello che è tuo è mio", quindi che problema c'è?...

Vocabolario *Vocabulary*

Ecco alcuni sostantivi, verbi ed espressioni che potresti non conoscere. Per memorizzarli, prova a formare alcune frasi con essi.
Here are some nouns, verbs and expressions you might not know, try to form some sentences with them in order to memorize them.

Anello = *Ring*
Sciocchezza = *Silly things*
Venti chili = *Twenty kilos*
Regalo = *Present*
Razionale = *Rational*
Soluzione = *Solution*
Gioielleria = *Jewelry store*
Pelliccia = *Fur*
Inverno = *Winter*
Assolutamente = *Absolutely*
Tanto, tantissimo = *A lot, very very much.*
nessuna dieta = *No diet*
Belleza interiore = *Inner beauty*
Sentimenti = *Sentiments*
Giri = *Shopping*[10]
Tanto = *Anyway*[11]

Trovare = *To find*

---

[10] The word "giri" literally means "tours" but in this context it means "shopping.
[11] The word "tanto" has got two meanings: "a lot" and "anyway".

Mi ami? Quanto mi ami? = *Do you love me?*
How much you love me?
Dimagrisci (dimagrire) = *Loose weight*
Sono ingrassata = *I got fat*
Fare la dieta = *To start a diet*
Ma che dici? = *What are you talking about?*
Non conta niente (contare) = *It doesn't matter
at all.*

Tutto qui! = *That's it!*
A piedi= *On foot*
Quello che è mio è tuo e quello che è tuo è mio
= *what is mine is yours and what is yours is
mine.*
Che problema c'è? = *Where's the problem?*

Riassumi il testo
Summarise the text orally

Di seguito alcuni punti chiave che puoi seguire.
Here are some key points you can follow.

-Giulietto e Carlotta si amano tanto e sono fortunati per questo.
-Carlotta vuole un anello nuovo perché è ingrassata
-Giulietto propone una dieta-Carlotta non è d'accordo
-I due parlano della differenza tra bellezza interiore ed esteriore.
-Carlotta vuole una pelliccia
-Giulietto non trova più la sua carta di credito.
- Trova una fine per questa storia. Giulietto alla fine compra l'anello? Compra la pelliccia? *Find an end to this story. Will Giulietto eventually buy the ring and the fur?*

FILE AUDIO
Audio files

Ed ecco il link e il QR Code per accedere ai file audio. In caso di problemi nello scaricare il file contattare direttamente l'autore a luciogiuliodori@gmail.com
And here is the link and the QR Code to access the audio files. If you have problems downloading the files, please contact the author at luciogiuliodori@gmail.com

www.bladezone.ru/pronuncia

www.luciogiuliodori.net

www.rudn.academia.edu/LucioGiuliodori